Savoir être coach

Un art, une posture, une éthique

Groupe Eyrolles
61, bd Saint-Germain
75240 Paris Cedex 05

www.editions-eyrolles.com

Le Code de la propriété intellectuelle du 1er juillet 1992 interdit en effet expressément la photocopie à usage collectif sans autorisation des ayants droit. Or, cette pratique s'est généralisée notamment dans l'enseignement, provoquant une baisse brutale des achats de livres, au point que la possibilité même pour les auteurs de créer des œuvres nouvelles et de les faire éditer correctement est aujourd'hui menacée. En application de la loi du 11 mars 1957, il est interdit de reproduire intégralement ou partiellement le présent ouvrage, sur quelque support que ce soit, sans autorisation de l'éditeur ou du Centre français d'exploitation du droit de copie, 20, rue des Grands-Augustins, 75006 Paris.

© Groupe Eyrolles, 2009, 2015
ISBN : 978-2-212-56184-5

Reine-Marie HALBOUT

Savoir être coach

Un art, une posture, une éthique

Deuxième édition

EYROLLES

Sommaire

L'auteur XI

Remerciements XII

Introduction 1

Chapitre 1
L'accompagnement, une histoire de toujours 7
   Les courants philosophiques et éducatifs 8
      Socrate 8
      Épicure 13
      Sénèque 16
   Les courants religieux 21
      Saint Augustin 21
      Le jansénisme ou l'expérience de Port-Royal 25
   Le rapport au pouvoir : la question de l'éminence grise 29
      Nicolas Machiavel 30
      Aix de La Chaise 34
   L'accompagnement thérapeutique 38
      Sigmund Freud 38

Chapitre 2
L'hygiène du coach 47
   La genèse d'une vocation 48
   Une histoire de mi-vie 48

Une rencontre avec Carl Gustav Jung et
Marie-Louise von Franz 50
    La typologie jungienne.. 55
    La dynamique des fonctions : un parcours de vie et de croissance 57
    Les inventaires typologiques 58
    La mi-vie 58
L'hygiène mentale 60
    Se former 60
    Encore et toujours 62
L'hygiène psychologique 62
    L'accompagnant : un enfant blessé qui cherche réparation 63
    Un parcours thérapeutique pour soigner ses blessures 64
    La figure d'Asclépios 66
    La posture clinique 66
L'hygiène du rapport à l'environnement 67
    La connaissance des organisations 68
    À travers une expérience directe 68
    S'installer en tant que coach et en vivre 70
    Activité et équilibre 73
L'hygiène de l'ouverture et de la disponibilité 74
    Accepter l'inattendu 74
    L'ombre du coach.. 76

Chapitre 3
Créativité du coach et supervision 81
La créativité du coach.. 81
    L'esprit du temps... 82
    Les mythes fondateurs 84
La supervision 87
    Un peu d'étymologie.. 88
    La psychanalyse aux racines de la supervision 88
    La supervision de groupe 91
    La supervision : un critère de professionnalisme 92
Les fondamentaux de la supervision.. 92
    Qu'est-ce que la supervision ? 92
    Les différentes formes de supervision 93
    Travailler sur les cas 94

La pratique du doute et de la remise en cause 96
Coach et superviseur : un même référentiel théorique ? 96
Confiance et amitié 97
Rythme et continuité de la supervision 98
Supervision individuelle et supervision collective 99
Supervision et hygiène 99
Supervision et travail sur soi 101
Supervision et typologie 102

Chapitre 4
Le travail invisible 105

Être un jeune coach 106
Des formations en grand nombre 107
Les premiers clients 108
Le travail sur soi : une obligation anthropologique 110

Une certaine maturité 111
Les outils : pièges ou soutiens ? 111
Coach et coaché, plus proches qu'on l'imagine 113
Investir sa vie 114
Les sociétés professionnelles, un théâtre d'ombres 115
Saisir le kairos 117
Narcissisme, séduction et emprise 118
Tact et délicatesse 118
Alors la sagesse ? 119

Le travail invisible : un tissage 119

Chapitre 5
Déroulement d'un coaching et étapes de vie 121

Déroulement d'un coaching 121
Le coaching : une relation et un processus 122
Les grandes étapes 123
Les phases amont 123
La phase de diagnostic 127
La phase d'accompagnement 131
La phase de bilan avec le coaché et l'entreprise 135

Les enjeux d'un coaching en fonction des étapes de vie 137
Le grand chambardement hypermoderne 137

Les étapes de vie 138
Les jeunes 139
Les adultes 140
Les seniors 142

Chapitre 6
Référentiels théoriques, démarches et outils 145

Le rapport du coach à ses ressources
méthodologiques : une évidence ? 146

Les référentiels théoriques 147
La psychanalyse 147
Les théories humanistes 148
L'approche systémique 149
Les thérapies brèves 151
La thérapie existentielle 152
L'approche cognitive 153

Les démarches théorico-pratiques 154
L'analyse transactionnelle 154
La Gestalt 155
La programmation neurolinguistique (PNL) 155

Les approches collaboratives 156
Les pratiques narratives 156
Les histoires de vie 158
Le codéveloppement 162

Les principaux outils utilisés par les coachs 163
Les outils typologiques 164
Process Com 165
L'ennéagramme 166
Les outils de 360° 167
Conclusion 168

Le rapport entre le coach et son support de travail 169
Les prérequis d'utilisation 169
Les risques 173
Les apports d'un outil 175
Le coaching : une réponse aux dynamiques
de développement professionnel 177

Chapitre 7
Coaching et lien social 179
   Un monde qui a changé 179
      Avènement du sujet ? 181
   Le travail dans la société contemporaine 182
      Le travail dans les sociétés hypermodernes 183
      Donner, recevoir et rendre 184
      Le paradoxe de l'excellence durable : la réussite mène immanquablement à l'échec 186
   La question de l'idéologie managériale : de l'école à l'entreprise 188
      Être ensemble ou ne pas être... 189
      Quelques pistes pour rester optimiste 192

Conclusion : critiques et avenir du coaching 193
   Critiques du coaching 193
      Les critiques de « l'intérieur » 193
      Les critiques de « l'extérieur » 196
   Le monde du travail 202
   L'avenir du coaching 204

Glossaire 207
Bibliographie 217
Index des noms propres 223

L'auteur

Psychologue clinicienne de formation, psychanalyste et coach, Reine-Marie Halbout a travaillé durant une vingtaine d'années dans le conseil en ressources humaines. Depuis 1995, elle a réalisé de nombreuses missions de coaching de personnes et d'équipes.

En 1999, elle a rejoint la Société française de coaching (SF coach) dont elle est devenue membre titulaire. Entre 2001 et 2010, elle a participé aux travaux du comité d'accréditation et de déontologie de la SF coach et en a été la vice-présidente et la présidente entre 2005 et 2008.

En 2005 puis en 2010, elle a contribué à l'organisation de deux colloques importants sur le coaching, mis en œuvre par la SF coach : « De l'ère des pionniers à l'ère des professionnels », puis « Devenir du travail, devenir du coaching ». Ces deux manifestations ont permis à des coachs et des chercheurs en sciences sociales et humaines de se rencontrer et de confronter leurs travaux.

Elle est aussi membre de la Société française de psychologie analytique, qui est, en France, la seule société psychanalytique jungienne.

Actuellement, elle exerce en tant que psychanalyste et réalise des interventions de coaching dans les organisations. Elle s'intéresse particulièrement à la formation des professionnels de l'accompagnement et aux questions qui touchent à la transmission dans ses pratiques de supervision individuelle et collective. Elle enseigne le coaching et la psychanalyse dans différents cursus de formation ainsi qu'aux Éditions du centre de psychologie appliquée (ECPA).

Remerciements

Je tiens à remercier Émilie Devienne qui m'accompagne depuis la première édition de ce livre, dans mes différents projets d'écriture. Son tact, sa patience et son humour n'ont jamais faibli au fil de nos aventures éditoriales. Elle est aussi devenue une amie et je profite de cette occasion pour lui dire ma gratitude et mon affection.

C'est grâce à Émilie que j'ai rencontré Stéphanie Ricordel qui m'a permise d'être publiée chez Eyrolles. Je lui sais gré de sa confiance renouvelée pour cette deuxième édition et de son ouverture au monde jungien, ce qui a permis la publication chez Eyrolles de plusieurs auteurs ayant cette sensibilité.

Celles et ceux de mes confrères qui ont accepté de relire certaines parties de cet ouvrage, pendant les phases d'écriture de la première et de la deuxième édition, m'ont apporté une aide précieuse. Qu'ils en soient ici remerciés et particulièrement Valérie Dorgueilh et Philippe Bigot qui sont devenus d'inséparables compagnons de route.

Ma famille continue de me supporter (toujours dans les deux sens du terme, comme je l'écrivais déjà en 2009) dans mes phases d'écriture et surtout au quotidien. Mes proches sont le sel de ma vie et je ne vais pas manquer ici l'occasion de le leur rappeler. Qu'ils soient toujours pour moi d'exigeants lecteurs !

Introduction

La première édition de *Savoir être coach, un art, une posture, une éthique* date de 2009. Depuis, le marché du coaching s'est développé et ses acteurs arrivent progressivement à une certaine maturité. Différents constats, effectués ces cinq dernières années, m'ont conduite à revisiter ce texte et à l'enrichir de deux nouveaux chapitres : *Le travail invisible du coach* et *Coaching et lien social*. Ils témoignent aussi de mon évolution personnelle et de préoccupations très vives concernant la place du coaching dans la société.

Après une vingtaine d'années d'existence, le coaching fait encore et toujours parler de lui. De nombreux acteurs s'y intéressent et s'orientent vers cette activité : les professionnels de l'accompagnement que sont les psychologues et les personnes issues des métiers liés aux ressources humaines, mais aussi des acteurs issus du monde de la technique, du management ou du commercial. Ils se découvrent une vocation de coachs et se forment à cette pratique dans les nombreux organismes privés qui ont vu le jour, les cursus universitaires ou les cycles proposés maintenant par de grandes écoles.

Depuis sa première publication, ce livre est régulièrement cité comme une référence pour mieux comprendre d'où viennent le coaching et ses spécificités contemporaines. Il reste d'une grande actualité. Pourtant, de nombreux malentendus subsistent. Dans cet ouvrage, nous allons nous intéresser de près aux acteurs de cette profession encore méconnue et objet de nombreux fantasmes : qui sont les coachs ? Quelles sont les motivations conscientes et inconscientes qui les conduisent à devenir des professionnels de l'accompagnement ? Comment se forment-ils ? Quelles sont les principales difficultés auxquelles ils sont confrontés ? Comment acquièrent-ils l'expérience qui leur donne une légitimité auprès de leurs pairs et de leurs clients ? En quoi est-ce que l'exercice de ce métier les transforme en profondeur ? Quelles conditions peuvent favoriser la qualité de leur intervention ? Qui sont les sociétés professionnelles qui définissent les codes de déontologie ? Quels sont leurs critères d'accréditation ? Plus généralement, quelles sont les pratiques de ce métier en émergence ?

Notre réflexion portera plus spécifiquement sur les coachs exerçant leur activité dans des situations d'accompagnement professionnel, que ce soit en interne dans les organisations, en externe, à la demande d'entreprises, d'institutions ou de particuliers consultant pour des questions liées à l'orientation professionnelle, à des moments de transition ou de crise dans l'exercice de leur métier, ou lors d'un retour à l'emploi après une période de chômage ou d'interruption d'activité. Cette liste n'est pas exhaustive tant les situations que rencontrent les coachs professionnels sont variées et complexes.

Toutefois, la plupart des dimensions qui seront abordées dans cet ouvrage sont liées à la pratique de l'accompagnement en général et pourront donc intéresser des professionnels œuvrant dans d'autres secteurs que celui du coaching, comme les psychologues, les consultants et les professionnels des ressources humaines réalisant des bilans de compétences, des outplacements, des mobilités professionnelles internes ou externes, des actions d'orientation. Les acteurs œuvrant dans le champ social et santé – éducateurs, assistants sociaux, conseillers conjugaux, médiateurs, etc. –, comme celles et ceux qui accompagnent les autres à des moments de transition de vie, de difficultés ou d'orientation, y trouveront également des repères.

Pour beaucoup, le coaching a traversé l'Atlantique en provenance des États-Unis et est associé au développement de la performance des individus et des équipes. En fait, de tout temps, des hommes ont accompagné d'autres hommes. Le coaching a une histoire et cette histoire est très ancienne. L'accompagnement est une donnée fondamentale dans les parcours d'humanisation et de socialisation. Cet ouvrage a aussi le projet de resituer le coaching dans son ancrage philosophique, éducatif et spirituel.

Le coaching peut maintenant être considéré comme une des formes contemporaines de l'accompagnement. Le moment est donc venu de le réintégrer dans le champ des sciences humaines, où il trouve naturellement sa place au carrefour de la psychologie, de la sociologie et de la connaissance des organisations.

Le principal outil du coach, c'est lui-même. Il est donc nécessaire qu'il se connaisse et ne cesse de travailler sur lui-même. Idéalement, le coach ne vise rien pour celui qu'il accompagne. Il est juste en mesure de créer un espace d'introspection, de réflexion et donc de transformation. Cela suppose beaucoup de maturité et de sécurité intérieure. C'est certainement l'idée d'une *posture clinique* qui rend le mieux compte de la spécificité du travail du coach qui conjugue écoute plurielle du sujet et attention portée à soi-même.

Dans un coaching, s'engage une relation qui transforme les deux protagonistes, coach et coaché. Ce dernier est au centre du travail. Il s'agit de faire émerger chez lui désir et sens – celui qu'il trouvera progressivement ou retrouvera. Le coach doit accepter de lâcher sur les savoirs et les outils pour s'engager dans une rencontre, d'abord avec lui-même puis avec l'autre. La posture du coach, son *hygiène*, fera donc l'objet d'une réflexion approfondie.

Lâcher sur les savoirs et les outils pour s'engager dans une rencontre ne veut pas dire s'engager dans ce métier sans s'y être formé et avoir acquis des outils solides. La question de la formation des coachs sera donc abordée sous un angle particulier, celui des motivations profondes qui conduisent des personnes à vouloir devenir coachs et des dimensions intellectuelles, psychologiques et expérientielles mobilisées dans un cursus de formation.

Les travaux de Carl Gustav Jung nous serviront de fil conducteur tout au long de cette exploration. La pensée de Jung, peu ou mal connue en France, est d'une grande richesse. Elle offre aux praticiens de l'accompagnement des éléments très pertinents pour penser les problématiques rencontrées. Nous ferons donc appel aux apports de la typologie de Jung et à ses réflexions sur les grandes étapes de vie, avec leur processus de croissance, et sur les enjeux de la mi-vie. Des éclairages seront aussi donnés sur sa conception particulière de la relation entre accompagnant et accompagné.

Les nécessaires retrouvailles avec les mythes fondateurs et les grands symboles de notre culture, pour renouer avec le sens des actions et des engagements, seront évoquées dans le chapitre consacré à la créativité du coach.

L'idée d'une posture clinique spécifique au coach praticien et de la relation particulière qu'il engage avec son client débouche tout naturellement sur la préoccupation de la supervision. Comme dans toutes les professions de l'accompagnement, la supervision est un aspect essentiel du parcours du coach.

Hygiène, formation et supervision formeront donc la trame de notre travail d'approfondissement du métier de coach. S'y ajoute dans cette deuxième édition, la réflexion autour du travail invisible du coach qui reprend toutes ces thématiques, les tisse ensemble et les articule aux grandes questions existentielles auquel tout praticien de l'accompagnement est confronté.

Nous ne pourrons pas faire l'économie d'un chapitre sur la façon dont se déroule un coaching, les grandes étapes qui le caractérisent, les conditions de son exercice et la déontologie indispensable à sa pratique.

La description des référentiels théoriques, des démarches et des outils à la disposition des coachs sera effectuée dans un chapitre spécifique où l'accent sera porté sur des approches originales, rarement décrites dans les ouvrages spécialisés, comme les *histoires de vie* issues de la sociologie clinique, les *pratiques narratives* et le *codéveloppement*.

Dans le droit fil de cette préoccupation qui interroge le lien entre coaching individuel ou collectif et société, nous engagerons une réflexion citoyenne sur la responsabilité du coach dans notre monde commun. Nous insisterons sur les risques qu'il y aurait à faire du coaching une démarche de conformité et de suradaptation qui isolerait encore plus le coaché de sa communauté d'appartenance. Ce qui sous-tend notre propos est le postulat que « donner-recevoir et rendre » est le mouvement dynamique créateur de liens et de sens et qu'il est nécessaire de lui rendre toute sa vitalité dans un accompagnement de type coaching.

C'est à partir de l'ensemble de ces réflexions que nous pourrons nous intéresser de très près à la critique du coaching. Actuellement, apparaissent des livres critiques sur le coaching et les coachs : coaching mystification ou manipulation, coaching au service de l'idéologie libérale, coach gourou, etc. Les questions que posent ces ouvrages sont légitimes. Le coaching peut-il être réduit à une visée adaptative, à une recherche de la performance avec un coach qui serait un agent au service de l'organisation ? Ou bien s'inscrit-il dans une nouvelle perspective, où la personne cherche à la fois à mieux se connaître et à comprendre la nature de ses liens avec son environnement professionnel, afin d'en dégager du sens et une plus grande créativité ?

C'est par sa maturité, par la conscience de son ancrage historique, par son professionnalisme acquis à travers un long travail sur lui-même et une solide formation, par une constante attention à son développement personnel et professionnel notamment par le biais de la supervision, ainsi que par la relation spécifique qu'il entretient avec ses références théoriques et méthodologiques, que le coach sera en mesure de se positionner comme un acteur engagé et conscient des enjeux individuels et collectifs de ses interventions.

Chapitre 1

L'accompagnement, une histoire de toujours

L'accompagnement d'un homme par un autre homme est un exercice ancien. C'est en prenant conscience que le coaching est l'héritier de traditions que nous pouvons lui donner du sens et de la valeur, sans le réduire à un rôle de suradaptation face à la pression des organisations.

L'émergence du coaching n'est pas le résultat du hasard. Elle s'inscrit d'une part dans l'effondrement des institutions tutélaires telles que la famille, l'État, l'Église, l'armée, les syndicats, et d'autre part dans l'injonction faite à l'individu de devenir « lui-même » en dehors de ces institutions tutélaires et des constructions collectives – ce qui ne s'était encore jamais produit dans l'histoire[1].

Dans une société en mal de repères symboliques, l'entreprise occupe souvent le terrain du sens et des valeurs et le rapport au travail est devenu un enjeu crucial. Il n'est donc pas étonnant que le coaching s'y développe d'une façon très significative.

Trop souvent encore, les références sportives et artistiques sont perçues comme les racines du coaching, alors qu'elles résultent elles-mêmes de traditions plus anciennes d'accompagnement.

---

1. Alain Ehrenberg, *La Fatigue d'être soi, Dépression et société*, Poches Odile Jacob, 2000.

Pour comprendre les enjeux du coaching aujourd'hui, nous allons faire un voyage dans l'histoire des pratiques de l'accompagnement. Nous y rencontrerons bien sûr Socrate et Platon, mais aussi Sénèque, Épicure, saint Augustin, les directeurs de conscience jansénistes de Port-Royal, les conseillers du prince que furent Machiavel et le Père La Chaise, ainsi que les grands acteurs des courants thérapeutiques du XXᵉ siècle.

Il s'agit de repérer les principales racines du coaching en Occident, depuis la philosophie grecque jusqu'à la psychanalyse viennoise. Les traditions orientale et extrême-orientale sont évidemment d'une grande richesse, mais l'exercice qui consiste à faire entrer dans un cadre épistémologique connu des pratiques issues de cultures radicalement autres semble risqué.

Il sera donc question d'éveil spirituel, d'éducation philosophique et politique, de conscience morale et de santé psychologique et physique. Et si les philosophes, les éducateurs et les religieux avaient été les premiers coachs ?

Les courants philosophiques et éducatifs

Socrate

Tout le monde connaît Socrate, que le coaching a remis au goût du jour et dont on présente la maïeutique comme la première démarche d'accompagnement.

Né en 470 avant Jésus-Christ à Athènes d'un père ouvrier sculpteur et d'une mère sage-femme, il mourut environ soixante-dix ans plus tard, condamné à mort par le tribunal populaire d'Athènes pour avoir offensé la morale publique.

Tout au long de son existence, Socrate semble s'être donné pour mission d'empêcher les Athéniens de vivre sans se poser de questions. Lui-même prétendait ne rien savoir et passait son temps à douter de tout, sauf de sa vocation à questionner ses interlocuteurs. Vivant dans une grande austérité, il était intraitable sur la nécessité d'orienter les esprits vers les vérités supérieures de la morale.

Ce provocateur était un modèle pour Platon et la jeunesse dorée d'Athènes, ainsi que pour ses juges, qui auraient préféré qu'il accepte de renier certains de ses propos afin qu'ils ne soient pas obligés de faire exécuter la sentence.

Bien qu'il n'ait pas laissé d'écrits, il s'est imposé dans l'histoire comme le philosophe par excellence : le parfait amoureux de la sagesse.

Supporter la rencontre avec Socrate nécessitait d'avoir fait un certain travail sur soi ou de posséder du courage, ou au moins une grande capacité de remise en cause. Ce n'était jamais Socrate lui-même qui désignait les faiblesses ou les incohérences du questionné, mais l'intéressé qui les découvrait dans ses propres réponses. Il finissait par douter de ce qu'il croyait savoir et était conduit à rechercher sa propre vérité.

Ce qui oriente la quête socratique, c'est que « la vertu est un savoir ». Le dialogue incessant de Socrate avec ses interlocuteurs vise à définir cette vertu si difficile à trouver, car elle échappe en permanence à celui qui la recherche. Il les accompagne vers leur propre définition de la vérité tout en exigeant rigueur et cohérence. Le dialogue socratique est une recherche à deux de la vérité.

Essayons de repérer quelques modalités du questionnement socratique que nous retrouvons dans les techniques d'accompagnement.

Pour Socrate, il s'agissait bien :

- d'arrêter l'interlocuteur dans son action,
- de poser des questions et de les considérer comme très sérieuses,
- de semer le doute,
- de n'être soi-même sûr de rien tout en recherchant la vérité morale,
- de ne pas craindre de remettre en cause les habitudes ou les certitudes,
- de faire l'hypothèse que l'autre sait ou qu'une partie de lui sait,
- d'interroger ainsi les puissants comme les faibles,

- de s'appliquer à soi-même une hygiène de vie qui peut aller jusqu'à l'ascèse.

Nous continuerons de tirer ce fil dans nos rencontres avec différents personnages ou courants de pensée, et nous verrons que ces postures et techniques reviennent de façon récurrente.

Arrêter l'interlocuteur dans son action

Dans le monde de l'entreprise, l'action est souvent valorisée au détriment de la réflexion, avec ses phases de questionnement, de doute et d'élaboration*[1]. Le coaching se présente comme un temps à part, en dehors du rythme intense qui caractérise l'activité de nombreux professionnels. S'extraire de ses activités, quitter son lieu de travail pour se rendre chez le praticien, c'est déjà se dégager d'une course effrénée et engager un processus de réflexion sur son action, son sens et ses conséquences.

C'est pour cette raison qu'il est très important que les séances de coaching ne se déroulent pas sur le lieu de travail de l'intéressé. Ce qui peut sembler une contrainte – devoir quitter son bureau pour un autre lieu – est en fait une des conditions de réussite d'un accompagnement. Il s'agit effectivement de se déplacer, au sens propre comme au sens figuré, de s'arrêter dans l'action et de commencer à envisager les choses sous un autre angle.

Le coach est le garant, dans la tenue d'un cadre de travail rigoureux, de cette extériorité. Le coaching par téléphone ou par Internet, qui sont des modalités proposées actuellement, ne permet pas ce décalage, cette interruption dans l'action. Cela ne veut pas dire qu'il n'est pas possible de faire le point par téléphone ou par mail entre deux séances.

Poser des questions et les considérer comme très sérieuses

Le coach questionne la personne qu'il accompagne. Non pas qu'il attende des réponses particulières ou que lui-même connaisse ces

---

1. Les astérisques signalent un terme ou une expression expliqués dans le glossaire situé en fin d'ouvrage.

réponses. Il sonde la demande de celui qui vient le voir et les objectifs attendus de cet accompagnement. Il remet en question ce qui peut sembler évident, ouvrant ainsi de nouveaux espaces d'interrogation et de compréhension. Il interroge le coaché sur des aspects que celui-ci n'a jamais questionnés. Il met ainsi en relief la dimension d'étrangeté d'une situation ou d'une problématique. Le coach pose des questions qu'il ne faudrait pas poser parce qu'elles viennent bousculer les représentations* de son interlocuteur, et parfois il pose des questions qu'il a déjà posées et qui nécessitent peut-être d'être abordées sous un autre angle. Enfin, le coach autorise l'autre à se questionner par la qualité de son écoute, de sa présence, par sa disponibilité vis-à-vis de ce qui va surgir, sans *a priori*.

Semer le doute

Ce questionnement ouvre un espace nouveau où le doute, le non-savoir, les interrogations permettent progressivement à de nouvelles compréhensions d'émerger, à des représentations* inattendues de prendre forme. Ce questionnement donne de l'épaisseur et de la densité à la relation qui s'établit entre les deux protagonistes.

Le bénéficiaire de l'accompagnement est dans le doute puisqu'il s'engage dans un travail dont il ne connaît pas l'issue. Ces rencontres suscitent, surtout au début, plus de questions qu'elles n'apportent de réponses, ce qui peut renforcer le doute et donc le trouble.

Dans le monde contemporain, il s'agit la plupart du temps de trouver des réponses, rapides, simples et efficaces… même si elles épargnent de se poser les vraies questions et sont des cautères sur une jambe de bois. Alors que le monde dans lequel nous vivons est complexe, nous demandons des réponses simples qui laissent souvent de côté la vraie nature du problème.

N'être soi-même sûr de rien tout en recherchant la vérité morale

La valeur de ce doute est d'autant plus grande qu'il est partagé. Le coach ne sait pas à l'avance ce qui va arriver. Il ne connaît rien des modalités de résolution que la personne accompagnée trouvera pour elle-même. Il sait qu'il ne sait pas et il n'en perd pas pour autant une certaine confiance en lui et en la situation. Cette disponibilité est en lien direct avec l'hygiène du coach, qui fera l'objet du chapitre 2. Le coach est habitué à la fréquentation du doute, c'est un des aspects de son activité.

Ne pas craindre de remettre en cause les habitudes et les certitudes

Pour le coach et le coaché, le coaching est donc le lieu d'une tension entre un questionnement et une autorisation à ne pas trouver les réponses de façon mécanique. C'est de cette tension que vont émerger un nouveau potentiel énergétique pour aller de l'avant et une dynamique de créativité.

S'il n'y a pas de questionnement et de doute, il n'y a pas de remise en question des habitudes et des certitudes. Or, si celles-ci ne sont pas questionnées, comment peut-il y avoir transformation ?

Faire l'hypothèse que l'autre sait ou qu'une partie de lui sait

Dans la remise en cause des habitudes et des certitudes, de nouvelles réponses peuvent se frayer un chemin. Cela suppose d'accepter que le non-savoir est une condition nécessaire pour qu'un nouveau savoir se fasse entendre, et que l'autre est porteur de savoirs dont il n'est pas conscient ou plutôt dont il n'est *pas encore* conscient.

Dans ce type d'accompagnement, il n'est pas question de solutions toutes faites, de méthodes à appliquer, de déroulements attendus. Le coach est simplement garant d'un cadre où cette dynamique va s'activer.

Interroger ainsi les puissants comme les faibles

Parfois, les coachs, surtout les débutants, s'interrogent sur la possibilité d'accompagner des personnes travaillant dans des secteurs d'activité qu'ils ne connaissent pas ou exerçant des fonctions très différentes de celles qu'eux-mêmes ont exercées. D'autres encore redoutent d'accompagner des cadres supérieurs ou des dirigeants, alors qu'eux-mêmes n'ont jamais exercé ce type de responsabilités.

N'allons pas imaginer que n'importe qui puisse réaliser n'importe quel type d'accompagnement. Toutefois, si cette pratique du questionnement et du doute est mise en œuvre, elle peut s'appliquer à chacun. C'est au coach de la proposer, avec modestie et humilité, mais sans crainte de ne pas être légitime.

S'appliquer à soi-même une hygiène de vie qui peut aller jusqu'à l'ascèse

Le coach étant son propre outil de travail, il convient qu'il prenne soin de lui comme un chanteur de sa voix. Le coach travaille toujours et encore, il n'est pas arrivé une bonne fois pour toutes à un certain niveau, il ne cesse de se questionner, de douter… Cette posture suppose une disponibilité à se remettre en cause en même temps qu'une bonne stabilité personnelle, acquise à travers la connaissance de soi et l'expérience – ce que nous appelons une « sécurité ontologique* ».

Le coach s'applique à lui-même les principes qu'il propose aux autres d'appliquer. Il est conscient des enjeux d'un accompagnement et accepte d'œuvrer dans la complexité d'un environnement où les aspects individuels ne sont jamais indépendants des dimensions collectives, sociales, économiques et politiques. C'est un professionnel engagé dans un processus de réflexion et de réflexivité de ses pratiques, c'est-à-dire qu'il est capable de s'interroger sur le lien entre les techniques qu'il utilise et leur effet sur la situation d'accompagnement, et de se remettre régulièrement en cause.

Épicure

Épicure (341-270 avant Jésus-Christ) fonda en 306 à Athènes une école, le Jardin, qui resta vivante dans cette ville au moins jusqu'au IIe siècle après Jésus-Christ. Elle valut aux épicuriens le nom de « philosophes du Jardin ». Épicure mourut à l'âge de soixante et onze ans, laissant une œuvre considérable de plus de trois cents titres, dont il reste seulement trois lettres destinées respectivement à Hérodote, à Pythoclès et à Ménécée.

Épicure est convaincu que l'homme est animé avant tout par la quête de son plaisir et de son intérêt. C'est pour cette raison qu'il tient pour illusion la recherche du bien socratique et platonicien. Dans ces conditions, le rôle du philosophe et de la philosophie est d'aider l'homme à rechercher le plaisir d'une manière raisonnable, en dehors de l'agitation du monde.

Or, si le seul plaisir qui en vaille la peine est le plaisir d'exister, Épicure constate que les hommes sont incapables de s'en saisir et d'en jouir véritablement. Les hommes ne savent pas se satisfaire de ce qui est en leur possession. Ils cherchent à avoir toujours plus, de préférence ce qui est hors de leur portée, ou bien passent à côté de ce qu'ils ont et le regrettent ensuite. Ces comportements créent une forme de dépendance dont il s'agit de se défaire.

Savoir se contenter de ce qu'il est possible de réaliser, c'est-à-dire des besoins fondamentaux de l'être, tout en renonçant à ce qui est superflu est l'essentiel de l'enseignement de l'école épicurienne. Il s'agit bien d'une discipline des désirs. D'ailleurs, contrairement aux idées reçues, Épicure mena une vie basée sur la modération.

Méditation et ascèse se pratiquent dans la relation étroite qu'entretiennent maîtres et disciples. Ensemble, ils cherchent à atteindre la guérison de leurs âmes en contemplant les dieux et la beauté de l'univers. Dans cette préoccupation l'amitié joue un rôle essentiel, dans un rapport d'individu à individu. Épicure assurait lui-même le rôle de confident et conseiller, et, comme Socrate et Platon, il connaissait bien le rôle thérapeutique de la parole et son effet libérateur sur la culpabilité[1].

Avec Épicure et les philosophes du Jardin, nous rencontrons quelques aspects fort intéressants à aborder dans un processus d'accompagnement :

- s'intéresser aux besoins fondamentaux de l'être,
- prendre le temps de considérer ce qui est bon dans la situation présente,

---

1. Pierre Hadot, *Qu'est-ce que la philosophie antique ?*, Gallimard, coll. « Folio Essais », 1995.

- abandonner la recherche systématique du « toujours plus »,
- accorder une large place à l'amitié dans la relation d'accompagnement.

S'intéresser aux besoins fondamentaux de l'être

Sur ce point, le paradoxe est de taille dans nos sociétés occidentales contemporaines. Dans les pays riches, la question des besoins physiques semble réglée. Nous mangeons à notre faim, nous bénéficions d'un logement chauffé et confortable, et l'accès aux soins est *a priori* garanti à tous… Sauf que les maux physiques n'ont jamais été aussi présents, comme autant d'expressions des maux psychiques. Tension, fatigue, stress intense, régimes alimentaires aberrants, addictions diverses, troubles du sommeil, jeunisme conduisant souvent à contraindre un corps qui doit absolument correspondre à une image imposée, la liste de ces souffrances est interminable.

Dans les entreprises, l'état de santé des collaborateurs, et ce à tous les niveaux de la hiérarchie, laisse la plupart du temps à désirer. Les rythmes effrénés et la course aux objectifs toujours plus ambitieux se traduisent souvent par une forme de violence imposée aux personnes. Dans un accompagnement, celles-ci évoquent régulièrement ces maux. Ils peuvent être entendus et considérés comme essentiels. Apprendre à satisfaire les besoins fondamentaux du corps conduit à un meilleur équilibre de vie et à un autre rapport à soi-même et aux autres.

Prendre le temps de considérer ce qui est bon dans la situation présente

S'arrêter dans l'action, prendre du recul, considérer la situation sous tous ses angles, c'est aussi en voir les aspects positifs. Trop souvent la force de l'habitude fait perdre de vue ces aspects, et telle promotion, pourtant ardemment désirée, devient peu enviable sitôt obtenue… La course est sans fin, l'avidité jamais satisfaite !

Un leitmotiv revient dans certaines méthodes de coaching : le changement ! Il faut changer à tout prix et, à peine installé dans le premier changement, il faut engager le suivant… Cette quête génère souvent une insatisfaction chronique très douloureuse. En fait, il n'est pas rare qu'un accompagnement débouche sur la prise de conscience que la situation présente convient bien à l'intéressé. Il a changé de point de vue sur son environnement plutôt que changé d'environnement !

Abandonner la recherche systématique du « toujours plus »

Une plus grande attention portée aux besoins fondamentaux de l'être et aux aspects positifs de l'environnement conduit assez naturellement à l'abandon du « toujours plus ». Faire la différence entre le superflu et le nécessaire, apprendre à jouir pleinement de ce que l'on vit, se défaire progressivement de cette avidité destructrice pour soi-même et pour ses proches, et accéder à une position plus contemplative du monde et de ses beautés… autant de préoccupations finalement très contemporaines. Elles ont toute leur place dans un accompagnement de type coaching.

Accorder une large place à l'amitié dans la relation d'accompagnement

Ce chemin se fait toujours avec un autre, présent et impliqué, qui se pose les mêmes questions au même moment. Il s'agit donc d'un cheminement à deux, dans une attention et un respect mutuels. Plaisir de la discussion et plaisir de la connaissance partagée : si ces sentiments ne sont pas au rendez-vous dans un accompagnement, il y a peu de chances que le coaching débouche sur des prises de conscience.

Sénèque

Né à Cordoue, en Espagne, vers l'an 4 avant Jésus-Christ et mort en 65, Sénèque est moins connu que Socrate. Il y est rarement fait référence dans les ouvrages sur le coaching et pourtant il peut en être considéré comme l'un des pères. Sénèque fut à la fois un homme d'État, un philosophe et le précepteur d'un cas difficile puisqu'il s'agissait du jeune Néron.

Dans sa jeunesse, Sénèque se passionna pour la philosophie. Élève d'un pythagoricien, d'un stoïcien et d'un cynique, il finit par tomber malade d'avoir voulu mettre en pratique son idéal ascétique, ce qui l'obligea à réorienter sa vie. Il s'engagea ensuite dans une carrière d'avocat qui lui valut l'inimitié de l'empereur Claude. Ce dernier l'exila en Corse sur les conseils de Messaline, son épouse. C'est Agrippine, la mère de Néron, qui le rappela après plusieurs années d'exil pour qu'il prenne en charge l'éducation de son fils Néron.

Très influent à la cour auprès d'Agrippine et de Néron, sa position finit par lui susciter de nombreux ennemis d'autant que sa fortune n'avait cessé de croître. Lorsque son influence sur son jeune élève commença à s'estomper, il entreprit de se retirer de la vie publique tout en se défaisant de ses biens. Finalement accusé d'avoir participé à l'un des nombreux complots visant Néron, Sénèque reçut de ce dernier l'ordre de se suicider, ce qu'il fit avec dignité.

Inscrit dans le courant du nouveau stoïcisme, Sénèque donne, dans ses écrits, des conseils de morale où il encourage son lecteur à se détacher de ses biens, à supporter le malheur sans s'en plaindre et surtout à se préparer à affronter sereinement l'inéluctable fin. Toutefois, il sait aussi tenir compte des nécessités de la vie et de la faiblesse des hommes.

L'observation de la vie quotidienne permet à Sénèque d'orienter son lecteur vers les réflexions les plus élevées. Les événements les plus fortuits sont l'occasion de s'exercer à prendre de la distance et à faire l'expérience d'un certain détachement.

À la suite de Socrate, les stoïciens soutenaient que le seul bien était le bien moral. Ils proposaient donc de distinguer ce qui dépend de nous et ce qui ne dépend pas de nous, sachant que seule la volonté morale dépend absolument de nous et peut suffire à nous rendre heureux. Il s'agissait de se défaire des passions pour contempler l'harmonie du cosmos, de relativiser les biens inessentiels pour admirer la beauté de l'ordre des choses.

Dans ses écrits, Sénèque se révèle être un fin « psychologue » et un très bon observateur des travers humains et des siens propres. Il s'applique d'ailleurs à lui-même les préceptes qu'il propose à autrui.

Il s'ensuit une sorte de méditation à deux, où le philosophe et son lecteur sont invités à pratiquer ensemble une certaine ascèse. La fréquentation de Néron a appris à Sénèque que le pire n'est jamais à écarter… Néron en cas désespéré de coaching, une nouvelle façon de considérer l'histoire !

Avec Sénèque, nous sommes face à quelques autres caractéristiques de l'accompagnant ou du superviseur :

- prendre du recul et analyser sereinement une situation,
- en tirer un enseignement,
- accepter l'échec,
- renoncer à la toute-puissance,
- être capable de faire preuve d'un certain renoncement aux succès et aux honneurs,
- s'impliquer dans l'accompagnement et se transformer en même temps que l'autre se transforme.

Prendre du recul et analyser sereinement une situation

Socrate arrêtait son interlocuteur dans l'action. Sénèque cherche à prendre du recul et à analyser sereinement une situation. Prendre du recul, c'est très exactement ce qu'un accompagnement de type coaching permet de réaliser. Nombreux sont les témoignages étonnés et positifs de ceux qui en ont bénéficié.

Cette attitude est le contraire d'une attitude passive. Prendre du recul, c'est accepter de se distancer du moment, de la situation, des relations engagées avec l'environnement. C'est la parole énoncée, échangée avec l'autre, qui autorise l'émergence de cette distance, de cette prise de recul. Progressivement se met en place une attitude réflexive autorisant à penser à ce que l'on fait et non plus à faire sans penser.

En tirer un enseignement

La prise de recul et l'analyse sereine d'une situation sont les conditions nécessaires pour en tirer un enseignement. Le fait de prendre conscience de la répétition, dans le temps, de certaines situations, de différencier des événements qui pouvaient dans un premier temps apparaître comme étant de même nature, de faire des liens entre des éléments *a priori* très éloignés les uns des autres crée une dynamique réflexive qui se traduit par une conscience élargie. Le coaché redevient progressivement sujet de l'action, mature, capable de tirer un enseignement des situations qu'il rencontre et non plus seulement de les subir.

Accepter l'échec

Voilà une proposition à contre-courant de l'esprit du temps… Depuis toujours le coaché, comme le coach d'ailleurs, a vécu une injonction à réussir : réussir sa scolarité – dès la maternelle, où il est maintenant question d'apprendre à lire et à écrire ! –, réussir ses examens, réussir sa vie amoureuse, réussir sa vie professionnelle, réussir à maintenir son capital santé, réussir dans son rôle de parent… cette liste pourrait être interminable !

Le système scolaire français est ainsi fait que jamais l'enfant n'apprend à accepter l'échec comme un élément vivant d'un parcours de vie, dont il pourra toujours retenir quelque chose. L'échec est une expérience honteuse, rarement mise en mots, qui se vit dans l'isolement. Il est assimilé à la faiblesse et à l'incompétence. Il n'est jamais perçu comme un temps nécessaire à l'élaboration d'un nouveau rapport au monde, rapport qui se cherche et est en train d'advenir.

En revenant sur l'expérience de l'échec, en lui donnant de la valeur et du sens, le coach peut permettre à la personne qu'il accompagne d'accéder à une nouvelle respiration, à une acceptation différente. On apprend beaucoup plus de ses échecs que de ses réussites, on s'enrichit au contact de cette expérience du manque, du creux, surtout lorsqu'on peut la partager avec un autre.

Renoncer à la toute-puissance

Même s'il peut sembler paradoxal de l'énoncer ainsi, cette reconnaissance du manque et du creux est essentielle pour trouver une plus grande sécurité ontologique*. La course effrénée aux succès se fait au prix d'une dépense d'énergie considérable et d'un épuisement psychique toujours au rendez-vous.

L'actualité le confirme malheureusement chaque jour : le stress, la violence au travail, les maladies psychosomatiques sont en croissance constante. Il serait dangereux et erroné de les analyser uniquement sous l'angle de problématiques individuelles, les conditions socio-économiques du travail participant largement à cette expansion des maladies professionnelles.

Toutefois, chaque personne est concernée directement et peut être invitée à prendre conscience de la toute-puissance que supposent ces parcours d'excellence. Cela vaut pour le coaché comme pour le coach. Lâcher un peu de lest pour trouver une meilleure assise de vie, à un niveau plus ajusté, avec des pauses, accepter le creux comme le plein est aussi une façon de se dégager de cette pression et de retrouver un nouveau souffle dans le cadre d'un accompagnement de type coaching.

Être capable de faire preuve d'un certain renoncement aux succès et aux honneurs

À partir de là, il est plus facile de faire la part des choses et de renoncer à tel poste qui semble mirifique mais qui conduirait tout droit au *burn out*, plus facile aussi de s'accepter, avec ses limites, ses failles, son humanité, et de faire de la place aux autres et à ce qu'ils nous apportent. Situer sa trajectoire de vie du côté de la qualité et du sens, plutôt que de celui de la quantité et des signes de reconnaissance extérieurs, est un gage d'équilibre et de bonne santé psychique.

Il s'agit aussi de faire de la place au temps, pour s'en donner vraiment, de renoncer à la jouissance immédiate et à la gratification systématique pour être à l'écoute de besoins d'une autre nature, plus centrés sur le rythme propre de chaque individu. Ces prises de conscience peuvent permettre de se dégager des jeux de pouvoir et de dupes que sont souvent les parcours de carrière « obligés ». Dans un coaching, chaque personne est encouragée à trouver sa propre voie, en dehors des sentiers battus.

S'impliquer dans l'accompagnement et se transformer en même temps que l'autre se transforme

Cette proposition vaut pour les deux protagonistes engagés dans un coaching, qui les transforme tous les deux. Comme nous le verrons dans le chapitre 2, le coach n'exerce pas son métier sans risque : il prend le risque de l'engagement et de la transformation. Il accepte ces enjeux, car il connaît la nature profonde d'une relation d'accompagnement.

L'implication suppose de ne pas s'installer dans une position de « sachant » et d'accepter, à chaque rencontre, de se laisser traverser, bousculer même par ce qui est en train de se jouer. Le coach met en jeu son système de représentation* (dont il doit être conscient). C'est le prix à payer pour que s'ouvre progressivement entre les deux acteurs un espace commun de co-élaboration* et donc de transformation.

Les courants religieux

Après ces illustres exemples issus de la philosophie et de l'éducation politique, arrêtons-nous quelques instants sur les traditions de l'accompagnement spirituel. Toutes les religions proposent à leurs fidèles différentes formes d'accompagnement et les trois religions monothéistes ont une pratique très ancienne et élaborée de ces techniques. Notre propos sera centré sur la tradition chrétienne : saint Augustin et les jansénistes (même si ces derniers ont été excommuniés par Rome).

Saint Augustin

Né en 354 dans la province romaine de Numidie (l'actuelle Algérie), et mort en 430 à Hippone, dont il était devenu évêque, saint Augustin a posé les fondements de la culture chrétienne. Initiateur d'une longue tradition pédagogique qui donne au savoir une grande importance, il a édicté les bases des règles de vie de la tradition monastique dans toute l'Europe du Moyen Âge.

Saint Augustin a écrit, ou plutôt dicté, une œuvre considérable composée de lettres, traités et sermons où il présente et défend sa conception du christianisme. Dans *Les Confessions*[1], il raconte sa jeunesse et sa conversion faisant une large place à l'introspection, approche inhabituelle à l'époque. *La Cité de Dieu*[2], texte clé, est considéré aujourd'hui comme une incontournable référence pour comprendre les fondamentaux de la culture chrétienne.

Dans son écrit *Sur le maître*, il développe une sorte d'exploration qui se fait par échanges d'idées entre le maître et le disciple. C'est un très beau texte où le maître est présenté comme étant lui-même disciple d'une transcendance qui le dépasse.

Dans la tradition de l'amitié philosophique, la parole échangée entre le maître et le disciple tient une place essentielle dans le cheminement intellectuel que propose saint Augustin. Cette parole trouve sa source dans une expérience vécue et partagée. Il s'agit toujours de s'engager ensemble dans un parcours de connaissance à partir d'une démarche humble, authentique et exemplaire.

Parce qu'il ne voit aucune contradiction entre la philosophie de Platon, dont il est profondément imprégné, et le christianisme, saint Augustin propose une sorte de reconnaissance des « idées éternelles » de Platon comme partie intégrante d'un Dieu éternel.

Il considère que le savoir est un moyen de rencontrer Dieu, l'étude de l'univers ne pouvant que conduire à une appréciation plus haute de la sagesse divine. Sagesse et savoir ne sont pas dissociés et la connaissance, qui ne peut être qu'une connaissance divine, s'opère à partir d'une méditation personnelle.

Ses réflexions sur l'ambiguïté de la grâce seront une source d'inspiration pour les réformateurs du XVIe siècle Jean Calvin et Martin Luther, ainsi que pour les jansénistes du siècle suivant, dont nous parlerons ensuite.

---

1. Saint Augustin, *Les Confessions*, Flammarion, 2008.
2. Saint Augustin, *La Cité de Dieu*, Gallimard, coll. « Bibliothèque de la Pléiade », 2002.

Voici quelques points clés des pratiques de l'accompagnement que nous trouvons chez saint Augustin :
- connaissance et sagesse ne sont pas incompatibles ;
- c'est l'expérience vécue, dans son extrême simplicité, qui permet d'accéder à la sagesse ;
- la parole est au cœur de la réflexion et de l'évolution ;
- c'est l'échange d'idées qui permet l'apprentissage du disciple et la transformation du maître.

Connaissance et sagesse ne sont pas incompatibles

La connaissance dont il est ici question est une connaissance qui a été assimilée, digérée par la personne et qu'elle va retrouver dans sa mémoire et non un ensemble de savoirs, acquis de l'extérieur, par le biais de cursus de formation (même si ceux-ci ont un grand intérêt et sont évidemment nécessaires à l'exercice d'une activité ou d'un métier). Elle est le fruit de ce que la personne intègre progressivement par le biais de l'observation, de l'expérience et de la comparaison entre cette connaissance et d'autres connaissances, issues de domaines différents.

C'est ce processus qui peut déboucher sur la notion de compréhension, de valeur et donc de sens. Alors, connaissance et sagesse ne sont plus incompatibles, elles cheminent parallèlement et se nourrissent l'une de l'autre. Bien conduit, le coaching peut être un espace de réappropriation de cette connaissance.

C'est l'expérience vécue, dans son extrême simplicité, qui permet d'accéder à la sagesse

Le processus même du coaching est une expérience humaine, qui instaure un lien entre la personne et le coach. Dans cette relation, sous ce regard de l'autre, s'engage un mouvement réflexif favorisant la prise de distance et l'intégration d'expériences qui apparaissaient comme des évidences, sans grand intérêt, et qui peuvent devenir des objets de connaissance, de sagesse.

Ce mouvement réflexif peut se poursuivre en dehors de l'espace de coaching et devenir une habitude de se questionner sur les expériences les plus simples, les plus quotidiennes. Pour le coaché, il s'agit bien de devenir plus conscient et de s'installer, à travers cette conscience élargie, dans une position plus mature et autonome.

La parole est au cœur de la réflexion et de l'évolution

Ce qui n'est pas parlé ou écrit ne peut pas prendre forme et advenir véritablement à la conscience. Dans un coaching, la parole, sollicitée, accueillie, respectée, devient la matière même du processus d'accompagnement. Cette parole énoncée résonne dans la pièce, portée par un souffle vivant chargé de représentations* et d'affects. Elle inscrit le sujet dans un monde de signes et de symboles, et l'ouvre à la possibilité de l'interprétation.

L'espace ouvert par le coaching est un espace de parole, de reprise de l'expérience à travers l'énonciation d'éléments descriptifs. Cet espace permet au sujet de revisiter les événements et les ressentis liés à telle situation passée ou présente et, finalement, de se dégager de l'action pour produire des objets de connaissance. Le coach, par son questionnement, sa position d'extériorité, introduit à des compréhensions différentes.

C'est l'échange d'idées qui permet l'apprentissage du disciple et la transformation du maître

Le coaching est aussi un échange entre deux personnes. L'une d'elles formule une demande d'accompagnement à l'autre, dont le métier est justement d'accueillir ce type de demande. Le coach est préparé à accepter l'inconnu qui ne manquera pas de surgir dans le creuset de cette rencontre. Échanges de paroles, de questions et d'idées vont nourrir cette relation qui s'établit dans un cadre précis mais dont les contenus ne sont pas prévisibles.

Le coaché fait l'apprentissage d'un dialogue qui l'oriente vers une plus grande réflexivité. Le coach se transforme au fur et à mesure que ses certitudes s'effritent et qu'il accepte de se laisser traverser par le questionnement de l'autre. Bien évidemment, les positions de disciple et de maître ne sont jamais figées dans un coaching, elles bougent même parfois à l'intérieur d'une séance de travail, sans que le cadre de travail soit remis en question.

Le jansénisme ou l'expérience de Port-Royal

Au XVIIe siècle, le groupe des solitaires de Port-Royal se forma dans une Europe où la théologie était un objet important d'étude et de débat. Le concile de Trente étant demeuré imprécis sur certains aspects du dogme, en particulier la grâce, les théologiens y trouvèrent la justification d'affrontements violents porteurs de forts enjeux politiques.

Cornelius Jansénius, avec son *Augustinus*, posa les bases du mouvement janséniste. Ce mouvement se répandit en France grâce à l'abbé de Saint-Cyran, directeur de conscience du groupe dit des « solitaires » basé à l'abbaye de Port-Royal-des-Champs, et grand inspirateur des Petites Écoles de Port-Royal[1].

Ses positions finirent par l'opposer au cardinal de Richelieu, qui le fit arrêter et enfermer à Vincennes en 1638. Ce fut le début des persécutions dont les « solitaires » furent l'objet pour des raisons autant politiques que religieuses (ils furent déclarés hérétiques).

Ce courant attira une partie de la noblesse, à la recherche d'une éthique de vie plus rigoureuse que celle qui régnait alors à la cour ! Le plus célèbre des solitaires est le philosophe Pascal, dont la pensée est profondément inspirée des idées jansénistes.

Les jansénistes prônaient un mode de vie en retrait du monde, austère et sobre, éloigné des plaisirs de la table et de la possession. Les travaux manuels (à une époque où aucun noble ne se livrait à ce genre d'activité), l'étude et la prière constituaient l'essentiel de leurs activités. C'est un retour à l'augustinisme dans sa simplicité, mais avec une rigueur, une ascèse même, qui lui fut reprochée. Nous n'approfondirons pas ici la position janséniste sur la grâce, à conquérir ou donnée d'emblée, objet de controverses entre les différents courants religieux de l'époque.

---

1. Monique Cottret, *Jansénismes et Lumières, pour un autre XVIIIe siècle*, Albin Michel, 2000.

Jusqu'au XVIIe siècle, l'éducation secondaire avait toujours été prise en charge par les jésuites. En créant les Petites Écoles, correspondant au niveau primaire, les solitaires voulaient éviter une confrontation trop brutale avec la Compagnie de Jésus.

Les deux groupes avaient des conceptions fort différentes de l'éducation. Celui de Port-Royal relevait plus du préceptorat. Les élèves y étaient réunis en petits groupes sous la direction d'un maître. Les « solitaires » n'encourageaient pas l'émulation entre les élèves et les châtiments corporels étaient presque absents. Ils enseignaient de nombreuses matières, et ce en français au lieu du latin. La qualité de leur pédagogie fit de leurs écoles des exemples marquants de l'éducation française.

Sorti en salles en 2000, le film *Saint-Cyr*, réalisé par Patricia Mazuy avec l'actrice Isabelle Huppert dans le rôle de madame de Maintenon, restitue avec finesse cette ambiance particulière et très novatrice en son temps.

Cette expérience centre la pédagogie sur un accès à la connaissance au travers d'une démarche personnelle, et non sur l'acquisition de savoirs extérieurs. Dans la filiation de saint Augustin, les jansénistes prônent le dialogue en petits groupes ou en tête à tête avec le directeur de conscience afin de progresser. Il est aussi question d'une certaine ascèse, qui décidément revient comme une constante à travers toutes les rencontres que nous sommes en train de faire. Pascal développera largement cette idée dans ses réflexions sur le divertissement comme détournement de soi-même[1].

Les directeurs de conscience de Port-Royal eurent pour disciples nombre de personnalités prestigieuses de l'époque, qui suivirent leurs préceptes au point de remettre en question l'ordre établi... N'est-ce pas d'ailleurs là une des fonctions du coaching ? Ils poussèrent aussi à l'extrême une forme de rigueur vis-à-vis de soi-même et de renoncement au monde, dans la quête exigeante d'une vérité divine.

---

1. Blaise Pascal, *Pensées*, Le Livre de poche, 2000.

Nous nous approchons aussi d'une certaine conception du coaching à travers ce courant :

- recherche de la connaissance dans sa diversité,
- dialogue à deux ou en petits groupes,
- questionnement et remise en cause personnelle,
- hygiène de vie,
- remise en cause des dogmes ou de l'ordre établi.

Recherche de la connaissance dans sa diversité

S'arrêter dans l'action, se questionner, accepter le doute sont autant de moyens d'accéder à la diversité de la connaissance. À l'école ou à l'université, les matières sont enseignées indépendamment les unes des autres, comme si elles n'avaient aucun lien entre elles. Le découpage des disciplines n'encourage guère une vision globale, systémique, des problématiques.

De plus, la connaissance de soi n'est pas abordée comme une dimension essentielle de la connaissance. L'apprentissage de la vie collective se fait souvent sur des modalités de compétition et d'exclusion. Bref, « savoir être » et « savoir être ensemble » ne font pas partie des programmes scolaires…

Face aux difficultés rencontrées dans l'exercice de leurs métiers, les personnes se sentent souvent démunies et isolées. Elles n'imaginent pas facilement les modalités pour trouver de nouvelles ressources. Le coaching peut être une des réponses pour élargir leur champ de vision et les aider à rétablir des liens entre des expériences, des savoirs et des intuitions. Dans cet espace de liberté, elles peuvent aussi tirer profit des erreurs, des échecs, et mettre en jeu, sans enjeux, certaines représentations* qui limitaient leur compréhension.

Dialogue à deux ou en petits groupes

Dans l'acception initiale du terme, le coaching est un dialogue à deux, un échange entre deux interlocuteurs pour faire de cet espace commun qui les relie un espace de co-élaboration*. Mais il peut aussi parfois être proposé à une équipe. Il vise alors une plus grande synergie à l'intérieur de l'équipe et au déploiement d'une créativité renouvelée.

Il s'agit bien alors de favoriser le dialogue entre les participants, l'émergence d'une parole plus libre, d'un questionnement fécond et d'une mise en commun des représentations* individuelles. Quelle surprise de découvrir que l'autre se pose la même question, est traversé par les mêmes doutes, n'est pas forcément l'étranger, voire l'ennemi, que l'on imaginait ! Il devient possible de confronter les idées pour arriver à des solutions partagées. Parler avec un autre et des autres, c'est risquer sa pensée, accepter de s'ouvrir à d'autres visions, à d'autres expériences, et gagner en confiance en soi et en l'autre.

Questionnement et remise en cause personnelle

Le coaching encourage le souci de soi et des autres, la remise en cause, non pas dans une visée psychologisante qui consisterait à considérer l'individu comme responsable de tout ce qui lui arrive, mais dans une conscience accrue des environnements et des systèmes dans lesquels il évolue.

La personne peut récupérer ce qui lui appartient et apprécier plus finement ce qui revient au contexte, au système et aux pressions qu'il exerce, ne plus se vivre comme isolée, centrée uniquement sur elle-même, dans une position de dépendance, de passivité ou au contraire de toute-puissance imaginaire, mais comme un être relié au monde, en interaction constante avec son milieu.

Hygiène de vie

Que le lecteur se rassure, il n'est pas question de prôner ici le retour à une hygiène de vie telle que les jansénistes la préconisaient. Par rejet du monde superficiel dans lequel une grande partie de la noblesse de l'époque vivait, par réaction contre une pratique de la foi qui s'exprimait essentiellement dans le respect de conventions extérieures et par constat de la perte des valeurs essentielles du christianisme, ils sont allés chercher dans un opposé fait d'ascétisme, de rigueur, voire de mortification, un retour à ce qu'ils pensaient être la foi des origines.

Il s'agissait aussi d'aller vers plus de mesure et de retenue, en se centrant sur l'essentiel. Les honneurs de la cour étaient délaissés au profit d'une vie plus simple, où l'étude, le travail manuel, le questionnement sur soi-même et la relation aux autres étaient recherchés comme vecteurs de progrès.

Que le coach soit en mesure de renoncer aux fastes illusoires d'un métier comportant plus de difficultés que de gratifications sociales et financières, voilà qui peut sembler une évidence. Mais que le coaché soit en mesure, à l'issue d'un accompagnement, de se recentrer sur l'essentiel et de ne plus être autant dupe des jeux de pouvoir auxquels il participait certainement, voilà qui ouvre d'intéressantes perspectives.

Remise en cause des dogmes et de l'ordre établi

Le courant janséniste, que certains ont rapproché du mouvement protestant, était effectivement une sorte de protestation face aux dérives de l'époque. C'est en ce sens qu'il nous intéresse parce qu'il remettait en cause l'ordre établi et s'élevait contre les certitudes de l'ordre religieux et politique dominant à l'époque.

Contrairement à ce que croient certains détracteurs du coaching, celui-ci peut être un espace de prise de conscience et de remise en cause de certains modes de fonctionnement des organisations. Se questionner sur sa pratique, sur ses pratiques, c'est déjà les remettre en cause. Le coaching favorise un questionnement authentique et l'émergence d'une conscience éthique chez la plupart de ceux qui sont accompagnés par des coachs professionnels, eux-mêmes engagés dans une réflexion profonde.

Le rapport au pouvoir : la question de l'éminence grise

La question politique du rapport au pouvoir et de l'inscription de son action dans la cité est évidemment centrale dans un coaching de dirigeant. En France, il y a une dizaine d'années, les dirigeants ont été les principaux bénéficiaires du coaching. Depuis, les offres de coaching se sont démocratisées et elles sont aujourd'hui proposées du *top* au *middle* management dans l'entreprise. Toutefois la question du coaching de dirigeants reste toujours d'une grande actualité[1].

Nicolas Machiavel

La figure de Machiavel est devenue une sorte de référence absolue. Né à Florence, en 1469, Nicolas Machiavel est issu de la noblesse. À partir de l'âge de vingt-neuf ans, il mène des missions diplomatiques à l'étranger et dans son pays et y acquiert une solide connaissance des mœurs politiques de son temps. Soupçonné d'avoir participé à une conjuration lors du retour au pouvoir des Médicis, il est alors emprisonné, torturé puis banni.

Retiré dans sa propriété, il y rédige des écrits où il dresse une critique de la situation politique de l'époque. C'est en 1513 qu'il écrit son ouvrage le plus célèbre, *Le Prince*, qu'il dédicace à Laurent II de Médicis. Passionné par la chose politique sans être dupe des jeux de pouvoir, il ose y donner des règles de conduite à ceux qui gouvernent. Il meurt en 1527.

En révélant les mécanismes de la corruption, voire en en recommandant l'usage lorsque la situation l'exigeait et que la faiblesse de caractère des acteurs de cette situation pouvait avoir des conséquences néfastes, Machiavel tentait de montrer une voie pour en sortir, sans jamais évacuer de ses propos sa méfiance constante vis-à-vis de la nature humaine.

Parce qu'il a conseillé le prince de Florence sans être l'instrument des Médicis, et parce qu'il a fait de la paix civile une finalité politique, Machiavel reste une source d'inspiration pour les conseillers politiques[2]. Si ceux-ci ne sont pas des coachs, il est néanmoins évident que nous retrouverons des éléments de leur art dans l'exercice du coaching.

---

1. Thierry Chavel, *Le Coaching du dirigeant*, Éditions d'Organisation, 2007.
2. Nicolas Machiavel, *Le Prince*, Mille et Une Nuits, 1999.

Dans la tradition de l'éminence grise, nous pouvons relever :
- l'absence d'enjeu de pouvoir personnel autorisant une liberté de ton,
- la liberté financière permettant d'accepter ou de refuser une mission de coaching,
- la préférence accordée à la volonté et à la conscience individuelle sur les codes et les vertus des institutions collectives,
- la croyance en la valeur de l'intelligence et de la ruse pour trouver des solutions face à la complexité.

L'absence d'enjeu de pouvoir personnel autorisant une liberté de ton

Cette question est complexe, car le coaching professionnel s'inscrit la plupart du temps dans une relation tripartite : l'entreprise commanditaire, le coaché et le coach. C'est l'entreprise qui choisit les intervenants possibles pour mener des accompagnements en interne (à partir d'appels d'offres de plus en plus précis et exigeants) et qui finance le coaching. L'entreprise souhaite donc exercer un certain contrôle sur le coach et l'accompagnement qu'il réalise avec le collaborateur.

Dans ces conditions, comment le coach peut-il conserver sa liberté de pensée et de ton ? Cela est encore plus délicat pour le coach qui travaille en interne, dans l'organisation, car, tout en étant salarié, il doit être le garant d'un espace de parole libre et confidentiel.

Et pourtant, il est essentiel que le coach soit à la fois doté d'une très bonne culture des organisations, conscient des enjeux de pouvoir et en mesure de se situer sur un autre plan, sans être lui-même dépendant des contraintes hiérarchiques. Il n'est pas un prestataire, un fournisseur, mais un interlocuteur indépendant, garant d'une extériorité et tenant bon dans la tourmente des attentes de retours et des pressions en tous genres.

La liberté financière permettant d'accepter ou de refuser une mission de coaching

Ce point très important, sur lequel nous aurons l'occasion de revenir tout au long de cet ouvrage, est l'un des nombreux paradoxes du métier que les « jeunes » coachs en particulier doivent apprendre à gérer. C'est une des raisons qui font que le coaching est rarement l'activité unique d'un professionnel. Il s'agit pour le coach de trouver un équilibre lui permettant de refuser une mission qui ne s'inscrirait pas dans son cadre déontologique.

Cette liberté donne du poids, de la consistance à la prise en charge d'un accompagnement. Comment un coach qui ne serait pas attentif aux conditions de sa liberté de choix pourrait-il guider un coaché vers plus d'autonomie et de liberté dans l'exercice de ses responsabilités ?

La préférence accordée à la volonté et à la conscience individuelle sur les codes et les vertus des institutions collectives

Le parcours et l'évolution du coach témoignent souvent de cette préférence accordée à la volonté et à la conscience individuelle. Le coach a quitté les sentiers battus des parcours de carrière pour construire son propre chemin, fait d'autonomie, de liberté, et aussi de solitude et de désenchantement. Il ne cherche pas à reproduire un modèle, il se questionne en permanence sur le sens de son action, avec sa part de doute, de remise en cause personnelle et d'incertitude. Ce n'est qu'à ce prix qu'il peut accompagner l'autre sur son propre chemin de liberté.

Un coaching n'engage pas à la conformité mais à l'interrogation, à la recherche de cohérence entre les valeurs personnelles et l'environnement extérieur. Ce processus ne peut donc pas produire de la répétition, du « même », mais plutôt une forme de subversion vis-à-vis des croyances acquises et des normes collectives. Il est d'ailleurs souvent question de quitter des positions infantiles, en abandonnant les illusions que celles-ci supposent.

C'est en ce sens que les objectifs négociés en amont avec l'entreprise dans le cadre du fameux contrat tripartite sont très souvent atteints, même si c'est « par surcroît » (comme la guérison dans la cure lacanienne). Engagé dans un processus réflexif, mieux préparé à accepter le doute, les hauts et les bas d'une carrière professionnelle, plus conscient de lui-même et du système dans lequel il évolue, le coaché développe une maturité et une confiance en lui qui l'autorisent à s'engager dans l'action de façon plus créative et pertinente.

La croyance en la valeur de l'intelligence et de la ruse pour trouver des solutions face à la complexité

Le coaché s'oriente généralement vers un accompagnement de type coaching (ou il est incité à le faire par sa hiérarchie) parce qu'il est confronté à des difficultés qu'il a l'impression de ne pas pouvoir résoudre. Comme tous les penseurs de la Renaissance, Machiavel est imprégné de culture grecque. Cela nous autorise à opérer un glissement de Machiavel à Homère et à faire le lien entre l'intelligence des situations préconisée par le conseiller du prince et la *mètis*, c'est-à-dire la ruse et l'astuce, dont fait preuve Ulysse, le héros de l'*Odyssée*. Roi d'Ithaque, il doit mener des combats, vivre des pertes, accepter des sacrifices, traverser des mers inconnues et se transformer en mendiant avant de retrouver sa place dans sa communauté[1].

Il rencontre des mondes hostiles, en dehors du monde humain tel qu'il est compris dans sa dimension culturelle par l'homme grec, c'est-à-dire « le monde de la nuit, le monde des monstres, le monde de l'inhumain, le monde du refus de l'hospitalité et de la sauvagerie[2] », description assez saisissante de la réalité parfois rencontrée dans les organisations.

Durant la traversée, le héros fait souvent du feu. Il s'agit bien sûr de maintenir allumée la lumière de la conscience. Le feu marque aussi une relation puissante avec les affects et les émotions, très présents

---

1. Pierre Vidal-Naquet, *Le Monde d'Homère*, Perrin, coll. « Tempus », 2002.
2. Jean-Pierre Vernant, *Ulysse, suivi de Persée*, Bayard, 2004.

tout au long de ce voyage. Ulysse y fait largement appel pour se sortir des épreuves qu'il rencontre[1].

Par certains aspects, un coaching ressemble souvent à une traversée douloureuse et difficile. Le coach, tel Homère, peut se faire le chantre de cette épopée, sans savoir quelle en sera l'issue. Il accompagne et soutient. Cette traversée, lui-même l'a vécue et il en connaît les difficultés potentielles. En même temps, il est confiant dans les capacités de son client à trouver des ressources en faisant justement appel à cette *mètis*. Le coach est un passeur et il cherche à tenir le cap même quand son client traverse le brouillard et la nuit. Il l'aide à trouver en lui les ressources pour faire face à l'inconnu, et à développer cette intelligence des situations.

Aix de La Chaise

« Éminence grise », c'est ainsi que fut qualifié François d'Aix de La Chaise (1624-1709), dit le Père La Chaise. Issu de l'ordre des jésuites, il devint le confesseur de Louis XIV en 1675, à l'âge de cinquante et un ans. Il exerça cette charge jusqu'à la fin de son existence, pendant trente-quatre ans. Il partagea donc avec le roi une longue intimité.

Le Père La Chaise eut sur Louis XIV une influence plutôt modératrice, notamment à l'occasion de la lutte contre le jansénisme et lors de la révocation de l'édit de Nantes. Il occupa une position éthique ambivalente, influant sur les grands enjeux religieux et politiques de son époque, usant d'une liberté de ton audacieuse dans sa triple allégeance au roi, à son ordre et à Rome. Il fut un médiateur des affaires de cœur comme des affaires de cour[2].

Notons qu'avec sagesse Aix de La Chaise ne résidait pas à Versailles mais à Paris : intelligente façon de se tenir à l'écart des fastes de la cour, de ses intrigues et des insistantes pressions des courtisans.

---

1. Jean-Pierre Vernant, *op. cit.*
2. Thierry Chavel, « Le rapport au pouvoir : l'éminence grise », dans *Le Coaching, phénomène de société*, actes du colloque SFCoach, Le Manuscrit, 2005.

Sa relation avec Louis XIV portait en germe quelques présupposés du coaching de dirigeant :

- la confiance personnelle entre les deux protagonistes,
- la confidentialité absolue,
- l'envergure humaine plus que la compétence technique,
- la compréhension éclairée des enjeux du pouvoir.

La confiance personnelle entre les deux protagonistes

Même si, dans le cas d'Aix de La Chaise, on peut supposer qu'il a été désigné par le roi sans l'avoir forcément souhaité, dans l'idéal, coaché et coach doivent pouvoir se choisir et vérifier s'ils sont en mesure de faire alliance avant de s'engager dans une relation. C'est une évidence qu'il convient de rappeler, car elle est la condition initiale de la qualité du travail à venir.

Faire alliance ne veut pas dire entrer dans un jeu de séduction réciproque, flattant les narcissismes et renforçant les ego, mais se faire mutuellement confiance pour aborder les questions délicates, partager les interrogations, les doutes et les zones d'ombre. Chacun des protagonistes doit pouvoir parler franchement à l'autre, afin que la coopération s'engage sous des auspices favorables.

La confidentialité absolue

Pour que cette confiance perdure et devienne le creuset de la transformation des deux partenaires, le coach doit pouvoir garantir la confidentialité des échanges, qui permet de conserver l'espace de travail, donc d'élaboration*, clos. Cet aspect est essentiel et va à l'encontre de la notion de transparence, tellement en vogue actuellement. Il s'agit du respect du contrat de la part du coach et de la protection du coaché dans son milieu professionnel.

Mais tenir la confidentialité, c'est surtout faire en sorte que les processus à l'œuvre dans l'accompagnement soient véritablement efficients. La dimension alchimique d'un accompagnement est très présente, et conserver le vase clos demande une grande attention. C'est au coach de sensibiliser le coaché à l'importance de tenir cette confidentialité vis-à-vis de son entourage professionnel mais aussi de ses proches.

Diffuser à l'extérieur le contenu d'une séance de coaching juste après qu'elle a eu lieu, c'est en effacer les effets. Se donner le temps nécessaire à l'incorporation, à la digestion et à la transmutation des éléments exige parfois un effort qui se révélera très payant ensuite. Il s'agit d'apprendre à contenir ce qui est souvent exposé sur la scène privée ou publique sans ce temps nécessaire de travail intérieur.

Contenir, c'est aussi apprendre à faire le tri entre les différents éléments et à tenir le conflit à l'intérieur de soi au lieu de le projeter systématiquement à l'extérieur. Cette attitude demande un effort, une hygiène, de la part à la fois du praticien et du coaché.

L'envergure humaine plus que la compétence technique

À de rares exceptions près, le coach n'est pas un spécialiste du métier qu'exerce le coaché. Il n'est d'ailleurs pas attendu sur cette compétence, mais sur ses capacités à accueillir l'autre dans sa demande et à tenir le cadre. Praticien de l'accompagnement, il fonde sa légitimité sur son expérience de vie, son cheminement personnel et sa connaissance des organisations.

Faut-il rappeler que le coach n'est ni un formateur, ni un entraîneur, ni un mentor ? Il n'est pas « sachant » sur les fondamentaux du métier de la personne qu'il accompagne. Son savoir est d'une autre nature. Grâce à lui, le coach peut mobiliser chez l'autre des dimensions plus immatérielles et symboliques comme il les a mobilisées pour lui-même afin de nourrir son propre processus de transformation. En cela, il s'agit d'une envergure humaine plus que d'une compétence technique.

La compréhension éclairée des enjeux du pouvoir

Le coach n'est pas dupe de la demande explicite et des enjeux sous-jacents à toute situation d'accompagnement. Cet aspect de son travail mobilise toute son attention, en amont, pendant et au-delà de l'accompagnement qui lui est confié. Prenons le cas d'une demande de coaching formulée par un dirigeant pour l'un des membres de son équipe de direction. Il trouve son collaborateur trop en retrait dans les comités exécutifs et souhaiterait qu'il soit plus impliqué et contributif. Après un entretien approfondi, le coach prend conscience que son interlocuteur a tendance à reprocher à toutes celles et à tous ceux qui travaillent avec lui de ne pas être assez créatifs et autonomes. Au fil de la rencontre, ce dirigeant en vient même à questionner le coach sur sa capacité à prendre en charge la mission avec assurance et fermeté. Peut-il lui faire confiance ?

La problématique posée au départ se transforme peu à peu en angle mort du dirigeant. Qu'en est-il de sa capacité à faire de la place à ses collaborateurs, à considérer leurs apports comme intéressants et finalement à les considérer tout court ? Si le coach se laisse prendre par la demande explicite, il accepte une mission qui ne peut que conforter le dirigeant dans sa posture autocratique et abusive ; s'il la refuse brutalement, il maintient la situation en l'état et le dirigeant trouvera certainement un autre intervenant, prêt à répondre à sa demande.

Le coach doit donc opérer un déplacement, en douceur, pour éclairer le despote sur son despotisme et l'encourager à travailler sur sa demande implicite : permettre à ses collaborateurs de grandir et donc accepter de se sécuriser en abandonnant l'omnipotence et l'omniscience.

Cette clairvoyance n'est possible que si le coach possède une culture générale solide. C'est un praticien de l'accompagnement bien sûr, mais il s'intéresse aussi à d'autres domaines tels que l'anthropologie, la psychologie, la sociologie, l'histoire, l'économie…

Il est aussi un professionnel engagé dans la vie de la cité, sensible aux questions politiques. C'est sa conscience de ces différents éléments, qui ne manquent pas de résonner dans toute problématique d'accompagnement, qui permet la prise de conscience de son client. Le coach questionne ces éléments, et leur poids dans la problématique du coaché, qui peut alors mettre en perspective son histoire, ses difficultés, par rapport au contexte dans lequel il évolue.

Le coach et le coaché travaillent ensemble sur une problématique individuelle dans un système qu'il convient de ne pas occulter, voire de ne pas refouler, afin d'éviter qu'il ne fasse retour avec force, annulant le travail en cours.

L'accompagnement thérapeutique

Nous arrivons à l'ancrage médical et psychothérapeutique de notre propos. De tout temps, chamans, guérisseurs et rebouteux dans les campagnes, médecins et confesseurs ont assuré le maintien des équilibres collectifs et individuels. Le médecin de famille a longtemps été le dépositaire des secrets de famille les mieux gardés, un familier que l'on consultait pour des maux qui se soignaient aussi avec des mots.

Dans les campagnes, aujourd'hui encore, c'est ce même médecin qui, en dernière instance, conseille d'aller voir le rebouteux, vieux sage rétablissant les liens entre le malade et la nature, les signes et les symboles, l'individu et le groupe. Le confesseur a exercé pendant des siècles des fonctions de thérapeute, soulageant les âmes et les consciences, guidant, souvent de façon sûre, ses ouailles vers un meilleur équilibre psychologique et une cohésion sociale préservée.

Dans ce lien institutionnel avec un autre, investi du rôle de « sachant », quelque chose se passe, se met en forme, du symptôme à la guérison. Dans cette tradition consubstantielle à la socialisation et à l'humanisation, il s'agit toujours d'une relation entre deux personnes : maître/disciple, soignant/soigné, vieux/jeune, pédagogue/élève.

Dans ce courant s'inscrivent les grandes approches thérapeutiques du XXe siècle, dont les travaux de Freud et de quelques-uns de ses illustres successeurs. Ceux-ci inspirent aujourd'hui différents courants de l'accompagnement en général, et du coaching en particulier, comme nous le verrons dans le chapitre 5, consacré aux référentiels théoriques, aux démarches et aux outils.

Sigmund Freud

Né en 1856 et mort en 1939, Freud fut un précurseur qui transforma radicalement la conception de la psychologie individuelle et collective. Avec Freud, le moi* a été détrôné et les dynamiques inconscientes ont été mises à jour.

Médecin de formation, Freud se spécialisa dans l'anatomie et la physiologie du système nerveux, ce qui lui valut d'obtenir un diplôme en neuropathologie. Son séjour à Paris, où il suivit l'enseignement de Charcot à la Salpêtrière, fut déterminant dans son orientation vers la psychopathologie et l'étude des névroses.

Renonçant progressivement à l'hypnose et à la suggestion, qu'il avait héritées de son maître français, il se tourna progressivement, dans sa pratique de thérapeute, vers la méthode dite « des associations libres ». Il encouragea ses patients à exprimer librement les idées qui leur venaient à l'esprit à partir d'un rêve, d'un fantasme ou d'une pensée. Il les poussa à revisiter leur histoire infantile, l'une de ses hypothèses de travail étant que les conflits dans lesquels ses patients étaient pris trouvaient leurs racines dans la première période de leur vie. Il mit notamment au jour la sexualité infantile et ses conflits qui continuent de traverser la vie psychique d'un sujet à l'âge adulte.

De même que Freud découvrit le rêve comme voie royale d'expression des processus inconscients, il donna une valeur particulière au transfert* qui s'établit entre le patient et son thérapeute. Celui-ci devint « l'alpha et l'oméga » de la cure et le vecteur essentiel de la guérison.

Freud était lui-même porteur d'une tradition philosophique et scientifique héritée du XIXe siècle grâce à laquelle il put nommer et conceptualiser cet inconscient qui traverse, depuis les pratiques chamaniques, toute l'histoire de la psyché humaine[1].

Il lui donna un statut et en fit une notion incontournable. Freud ouvrit aussi à une réflexion tout autant philosophique et sociologique que psychanalytique sur la lutte entre pulsion de vie et pulsion de mort et ses différentes modalités d'inscription dans un destin individuel comme dans l'histoire des peuples.

---

1. Henri-Frédéric Ellenberger, *Histoire de la découverte de l'inconscient*, Fayard, 2001.

Issues de Sigmund Freud et de ses successeurs, nous retrouvons dans le coaching les préoccupations liées à :

- la cure par la parole,
- l'importance accordée à l'histoire du sujet,
- la découverte et la reconnaissance de l'autre en soi,
- le travail sur les représentations*,
- la reconnaissance du négatif,
- le transfert*.

La cure par la parole

Pourquoi un coaching se déroule-t-il entre deux personnes qui se parlent et s'écoutent mutuellement ? Serait-il possible d'envisager un manuel de coaching à lire chapitre par chapitre à destination de personnes souhaitant se faire coacher ? Pourquoi ne pourrait-on pas bénéficier d'un coaching par échange de mails uniquement ou d'un coaching en solitaire, que la personne ne ferait qu'avec elle-même, dans le silence de sa réflexion ?

Depuis toujours, des hommes ont accompagné d'autres hommes, dans une rencontre physique, en lieu clos ou au grand air, en marchant par exemple. Deux personnes se font face, se regardent, se découvrent et sont confrontées à cette altérité radicale qu'est l'autre, en même temps qu'elles y décèlent l'essentiel de la condition humaine partagée.

Leurs paroles se croisent, s'échangent, se heurtent, font irruption dans le système de pensée de l'autre. Elles s'entendent parler, prennent conscience de ce qu'elles disent parfois en même temps qu'elles l'énoncent, entendent l'autre s'exprimer, questionner ou répondre. C'est cet échange de sons, de mots, de signifiants et de signifiés qui finit par faire sens dans la relation. Une mise en tension s'opère, une énergie est activée : la parole est le canal par lequel circule la transformation.

La parole humanise, permet d'inscrire ce qui est énoncé dans le registre de l'humain, donc du partageable. Elle donne du poids et du corps à l'informe, l'inimaginable, l'impensable. Elle circule entre deux êtres qui sont touchés tout autant par ce qu'ils entendent que par ce qu'ils expriment. Le coaching est bien une parole échangée entre deux personnes.

L'importance accordée à l'histoire du sujet

Son histoire – au sens large, dans le cadre d'une réflexion sur soi-même opérée dans un accompagnement de type coaching –, le coaché la retrouve et la recompose. Mise en lien avec la situation présente, elle donne sens et valeur prospective à cette situation. Le lien entre passé, présent et avenir peut commencer à se tisser d'une façon plus solide. Sortir du cercle de la répétition, de l'enfermement, passe souvent par cette intégration de différentes étapes de la vie du sujet.

S'il n'est pas question de confondre les espaces de psychothérapies et de coaching, il convient de ne pas se limiter à l'exploration de la problématique précise que le sujet amène. En quoi la question qu'il se pose et pose au coach est-elle en résonance avec son histoire, celle de sa famille et des générations qui l'ont précédé ? Pourquoi les mêmes difficultés reviennent-elles de façon récurrente depuis plusieurs années (ce dont la personne n'avait pas forcément pris conscience) ? Que dit cette butée sur ce qui cherche à être entendu pour advenir, et que la personne ne veut pas entendre ?

Le coach est conscient du champ dans lequel il travaille, mais il ne limite pas son investigation et ses questions à ce champ spécifique. Il est garant du processus, de la tenue du cap et du cadre, mais il sait naviguer à vue et emprunter des chemins de traverse pour revenir vers l'objectif initial.

La découverte et la reconnaissance de l'autre en soi

Une psychothérapie et plus encore une psychanalyse font toujours découvrir des parties de soi-même sous-estimées, ignorées ou projetées sur l'environnement, sur les autres. Il s'agit souvent d'aspects négatifs, peu désirables socialement, qui ont été réprimés, refoulés, ou qui sont restés inconscients car inacceptables.

Dans un premier temps, ces découvertes sont souvent assimilées à des vexations ou à des blessures narcissiques. En effet elles obligent le moi* conscient à intégrer des dimensions peu reluisantes de la personnalité. Puis, au fur et à mesure du cheminement thérapeutique, elles donnent une épaisseur, une singularité à la personne, qui peut s'en trouver enrichie à condition qu'elle accepte de reconnaître en elle cet autre pas toujours animé des meilleures intentions.

Si les choses suivent leur cours, la personne acquiert une meilleure sensibilité à l'autre et une tolérance plus grande aux limites d'autrui, car elle prend conscience des siennes et doit en rabattre.

Dans une moindre mesure, le coaching peut aussi permettre cette prise de conscience. Dans l'échange avec un autre, à travers un nouveau regard porté sur son parcours et ses modalités de relation avec autrui, une mise en question, donc une mise en abyme, des représentations*, le coaché découvre souvent des aspects de lui-même qu'il méconnaissait.

Il découvre qu'il a tout mis en œuvre pour que telle décision le concernant, dont il s'estimait victime, soit prise et le délivre ainsi d'une responsabilité qu'il ne voulait pas assumer... Surprise ! Le perturbateur est en soi et non à l'extérieur... Ce changement de perspectives et cette nouvelle attention portée à des aspects de soi-même qu'il était plus confortable d'attribuer aux voisins modifient la donne de la connaissance de soi et entraînent une maturité accrue.

Le travail sur les représentations*

Combien de certitudes, d'affirmations péremptoires, de croyances limitantes viennent restreindre le champ de compréhension et d'expression d'une personne ? En lien avec l'éducation reçue, la culture dominante mais aussi la dynamique propre du sujet, elles sont autant de freins à l'exploration de domaines différents ou de façons autres de s'interroger et d'aborder les relations avec l'entourage.

Le coach questionne, il ne cesse de questionner, et, ce faisant, il suscite une déconstruction de ces représentations. Ce détricotage est souvent mené à partir des événements les plus simples, les plus évidents : « Vous me dites lui avoir répondu de telle façon. Vous êtes-vous posé la question de l'effet de votre réponse sur cette personne ? Aviez-vous réfléchi à une autre réponse possible, ou bien à une réponse différée ? D'ailleurs, comment cette personne a-t-elle réagi ? Quelles ont été les conséquences de sa réaction sur votre relation ? » Et ainsi de suite… On comprend mieux pourquoi parfois le coach est perçu comme un importun, un empêcheur de penser en rond. C'est d'ailleurs ce qui peut advenir de mieux dans la relation entre coach et coaché. La tension s'installe, l'irritation, l'agacement, voire pire. Bref, le négatif est mis en jeu et vécu dans la relation.

La reconnaissance du négatif

Agacement, irritation, énervement, franche agressivité entre les protagonistes, ces registres ne sont pas absents d'un coaching, comme ils ne sont pas absents de la vie et des relations que chacun entretient avec son entourage. La colère, l'envie, la jalousie, la haine, la volonté de détruire font partie des « ressources » humaines et sont mises en jeu dans les organisations comme toute la gamme des sentiments. Trop souvent, ces aspects sont évacués, au profit d'une vision idéalisée d'un individu et d'un groupe qui pensent « positif » et ont définitivement réglé leur compte aux composantes archaïques tout droit issues de l'Ancien Testament.

Évidemment, ces aspects tenus à distance, voire refoulés, sont d'autant plus actifs en sous-main. Comme ils sont indésirables socialement, c'est l'autre, l'étranger, qui se voit régulièrement attribuer les sentiments inacceptables avec lesquels nous ne cessons pourtant de nous débattre. Le conflit entre nature et culture n'en finit pas de se jouer à l'échelle individuelle, collective et planétaire.

Il n'est pas inutile que ce négatif puisse se vivre et se parler dans le cadre de la relation de coaching. Encore faut-il que le coach puisse l'accepter, sans en être détruit, ce qui le renvoie à sa sécurité ontologique* (voir chapitre 2).

Le transfert*

La valeur de la parole dans la relation, la rencontre avec l'autre en soi, la reconnaissance du négatif, tous ces éléments nous amènent à traiter de la question centrale du transfert.

Essayons d'abord de donner une définition simple de ce lien complexe. C'est dans le cadre de l'élaboration de la théorie psychanalytique que la notion de transfert a vu le jour. Dans le *Dictionnaire international de la psychanalyse*, « le terme "transfert" désigne la transposition, le report sur une autre personne – et principalement le psychanalyste – de sentiments, désirs, modalités relationnelles jadis organisés ou éprouvés par rapport à des personnages très investis dans l'histoire du sujet[1] ».

Dans *Le Mythe de la psychanalyse*[2], le philosophe et psychanalyste contemporain James Hillman évoque le transfert de la façon suivante : « Nous ne pouvons pas envisager le transfert dans son seul contexte thérapeutique, mais plutôt comme le paradigme des rapports humains en général. Il se produit toutes les fois qu'une relation profonde agit comme un facteur de réalisation de l'âme ; comme tel, c'est une nécessité de la vie psychique. »

L'idée de Hillman que « dans toute relation humaine possédant un certain degré d'intimité, certains phénomènes de transfert opèrent presque toujours comme facteurs salutaires ou perturbants[3] » est d'une grande justesse.

Le transfert est un facteur salutaire lorsqu'il permet l'établissement d'un lien humain solide entre deux personnes. Celles-ci apprennent à se faire confiance pour laisser émerger des solutions créatives permettant à l'un des protagonistes de retrouver une dynamique de croissance. Il s'agit dans ce cas d'un transfert positif.

Le transfert est un facteur perturbant lorsqu'il empêche cette rencontre d'avoir lieu parce que l'un des partenaires, voire les deux,

---

1. Alain de Mijolla, *Dictionnaire international de la psychanalyse*, Hachette, 2005.
2. James Hillman, *Le Mythe de la psychanalyse*, Rivages, 2006.
3. *Ibid.*

est empêtré dans des projections* négatives qu'il distribue généreusement autour de lui, et dont il fait « profiter » son interlocuteur. Il s'agit alors d'un transfert négatif.

Repris dans quasiment tous les champs de l'accompagnement, le transfert est le vecteur essentiel de la transformation. Bien sûr, il n'est pas absent du coaching même si certains souhaiteraient qu'il reste assis derrière la porte, bien sagement. Et l'on entend souvent énoncer, avec sérieux qui plus est, que, dans le coaching, il n'y a pas de transfert ! Ce serait bien dommage : pas de transfert donc pas de lien, pas de lien donc pas de transformation. Il serait donc regrettable que le transfert reste derrière la porte du coaching. Il est préférable que le praticien en soit conscient.

Dans l'introduction de ce chapitre, nous avons signalé que les références sportives et artistiques sont trop souvent perçues comme les racines du coaching, alors qu'elles résultent des traditions anciennes qui viennent d'être rappelées. Il est certain que ces courants ont été des vecteurs de circulation du coaching, des pays anglo-saxons vers la France en particulier. Les premiers ouvrages sur le coaching[1], souvent traduits de l'anglais vers le français, font une large place à cette filiation. Le risque est de rester dans une vision du coaching tourné vers la performance, tandis que les bons coachs sportifs et artistiques sont préoccupés de favoriser l'accès de leur « poulain » à l'ensemble de ses ressources. C'est du « devenir soi-même » qu'il est question alors[2].

Ce rapide voyage dans le temps montre à quel point il est essentiel que les coachs s'intéressent à l'histoire du coaching et soient en mesure de se relier à leurs ancêtres. Savoir d'où l'on vient, se questionner de telle sorte que les racines deviennent accessibles et conscientes, s'y relier et en tirer énergie et sens sont des démarches urgentes à entreprendre pour que les professions de l'accompagnement trouvent leur place et développent leur légitimité.

---

1. John Whitmore, Stéphane Carn, *Coaching*, Maxima, 2001.
2. François Proust, « Le coaching avant le coaching », dans *Le Coaching, phénomène de société, op. cit.*

L'entreprise est avant tout une communauté humaine soumise aux lois de toute société. À l'occasion du premier colloque organisé par la Société française de coaching, en janvier 2005, le sociologue Vincent de Gaulejac exprimait le souhait de voir se substituer aux exigences de la performance, de la productivité et de la rentabilité, la triple obligation qui fonde le lien social selon l'anthropologue Marcel Mauss : l'obligation de donner, de recevoir et de rendre[1].

Inscrit dans l'histoire des pratiques de l'accompagnement, le coaching peut se faire le porteur de ce message très ancien : le lien vaut mieux que le bien. En ce sens, les coachs, en tant que passeurs, sont peut-être porteurs d'une bonne nouvelle.

---

1. Vincent de Gaulejac, « Les avatars de la gestion de soi », dans *Le Coaching, phénomène de société, op. cit.*

Chapitre 2

L'hygiène du coach

Nous allons maintenant aborder la question de l'hygiène du praticien. Le terme « hygiène » suppose des préoccupations de santé.

La santé est une préoccupation essentielle pour tous ceux qui accompagnent les autres sur des chemins parsemés d'embûches, qui se forment au coaching ou qui exercent déjà une profession dans l'accompagnement.

C'est souvent l'expérience vécue en tant que coach ou en tant que superviseur qui sensibilise à cette préoccupation. Qui n'a jamais rencontré des collègues stressés, des coachs jeunes, ou moins jeunes, épuisés psychologiquement ? Souvent, les praticiens de l'accompagnement témoignent de moments de fatigue intense, de découragement liés à la nature même de leur activité.

Accompagner les autres n'est pas sans effet et sans risque sur son propre équilibre. Il suffit de constater à quel point la souffrance est présente dans les milieux hospitaliers chez les personnels soignants – infirmières, aides-soignantes – mais aussi chez les médecins, même s'ils répugnent à en parler, pour prendre conscience des risques de contamination que comporte une situation d'accompagnement. On retrouve cette souffrance chez les travailleurs sociaux, chez beaucoup d'enseignants et aussi dans les milieux du conseil.

La genèse d'une vocation

En général, on ne choisit pas la profession d'accompagnant par hasard. Ce choix s'ancre souvent dans une expérience précoce du manque et dans des blessures narcissiques infantiles. Les coachs, comme beaucoup d'accompagnants, ont été des enfants « blessés ». La plupart du temps, les accompagnants n'en sont pas conscients, alors qu'ils sont en permanence amenés à travailler à partir de leur blessure pour accompagner les autres, comme nous le comprendrons mieux au fur et à mesure de ce chapitre. Fatigue, tension, dépression, voire décompensation psychosomatique* grave se traduisant par des maladies diverses et variées, peuvent se produire si cette blessure des origines n'est pas travaillée et dénouée dans le cadre d'un travail personnel approfondi et d'une supervision régulière.

Les motivations profondes des coachs ne sont pas différentes de celles des autres acteurs de l'accompagnement. Les coachs se découvrent une forte préoccupation d'aider les autres à cheminer, qui prend des allures de vocation, avec des répercussions profondes sur leur vie. Le coach n'utilise pas seulement une technique, mais il engage toute sa personne. Son hygiène est donc un aspect essentiel de sa posture.

Un coach qui ne choisirait ce métier que parce qu'il veut aider ceux qui ont des difficultés, sans être conscient qu'il a lui-même de nombreux problèmes à résoudre, risque d'être vite déçu par son activité : ceux dont il s'occupe n'avancent pas assez vite, ne lui manifestent pas suffisamment de reconnaissance, font preuve à son égard d'une agressivité qui ne cesse de le surprendre. En fait, ce coach cherche à l'extérieur des points d'appui qu'il doit d'abord trouver en lui-même. Rien de pire qu'un coach ou un accompagnant aigri… et ces professions en comptent de nombreux.

Une histoire de mi-vie

Dans les différents cursus de formation au coaching, on peut constater que le choix de ce métier se fait souvent à mi-vie, après plusieurs expériences professionnelles, d'ailleurs réussies la plupart du temps.

Ces différentes expériences ont conduit le futur coach à reconsidérer la nature de ses engagements professionnels et à envisager une réorientation en profondeur.

Le plus souvent, les coachs ont exercé dans des domaines relativement proches de celui du coaching, comme le conseil, la formation ou le recrutement. Cependant, parfois, ils sont issus de métiers où la technique, le commercial ou le management était au centre de leurs préoccupations. Il leur faut alors quitter un métier où ils étaient reconnus, où ils pouvaient s'appuyer sur des compétences solides, et s'engager dans une voie incertaine, coûteuse en énergie et en investissement de formation.

Cette nouvelle orientation remet en cause l'équilibre de leur vie et peut avoir de graves conséquences sur leur famille, leur insertion sociale, leur niveau de vie. Des organismes de formation peu scrupuleux entretiennent les leurres et font croire à des personnes fragiles qu'il leur suffira de se former et d'inscrire « coach » sur leur carte de visite pour vivre de cette activité.

Des coachs s'engagent puis renoncent devant les difficultés rencontrées, qu'ils n'avaient pas véritablement anticipées, et reviennent à leur métier d'origine en s'étant enrichis d'une expérience, tandis que d'autres continuent d'avancer dans cette nouvelle étape de vie et deviennent des praticiens de l'accompagnement.

D'autres enfin exercent leur métier avec une posture naturelle de coach. La coiffeuse du quartier peut en être un parfait exemple. Elle accueille avec finesse celles qui franchissent la porte de son salon : la toute jeune fille, timide et mal dans sa peau, qu'elle met en confiance ; la femme âgée qui s'inquiète des outrages du temps, qu'elle met en valeur ; la gardienne de l'immeuble voisin, qu'elle sollicite sur l'histoire du quartier ; la chirurgienne pressée et stressée, qu'elle détend. Elle est à l'écoute de chaque cliente, relançant un propos, respectant les silences, toujours à bonne distance, à la fois discrète et présente. Mieux encore, elle sait mettre en relation ces femmes entre elles, leur permet de créer des liens et d'assumer leur place dans ce microcosme qu'est la rue où elle exerce. Un vrai coach !

Sans être coachs, certains professionnels font en effet leur métier en adoptant une posture spécifique, proche de celle des coachs.

C'est à tous ces professionnels que cette réflexion sur l'hygiène s'adresse.

Une rencontre avec Carl Gustav Jung et Marie-Louise von Franz

Quelles sont les conditions d'hygiène qui permettent une pratique saine et féconde, à la fois pour les intervenants et pour leurs clients ? On trouve beaucoup d'indications sur ce thème dans un texte de Marie-Louise von Franz sur la vocation dans l'exercice de la profession[1].

Très proche collaboratrice de Jung, qu'elle a secondé dans les dernières années de sa vie, notamment dans ses recherches sur l'alchimie, Marie-Louise von Franz a beaucoup écrit et enseigné, et a exercé en tant que psychanalyste. Membre actif de l'Institut Jung à Zurich, elle a contribué à la formation de nombreux praticiens. Ses écrits sont très accessibles et permettent de comprendre, dans une langue claire et vivante, les écueils et les richesses d'un parcours de formation de praticien.

Jung, quant à lui, occupe une place tout à fait à part dans l'histoire de la psychologie et de la psychanalyse[2].

Né en 1875 et mort en 1961, Carl Gustav Jung est à la charnière du XIXe et du XXe siècle, mais il est aussi à la charnière du XXe et du XXIe siècle par la modernité de sa pensée. Celle-ci connaît de nombreux développements en France après une longue période d'oubli ou de méconnaissance.

---

1. Marie-Louise von Franz, *Psychothérapie, l'expérience du praticien*, Dervy Poche, 2007.
2. Aimé Agnel, *Jung, la passion de l'Autre*, Milan, coll. « Les essentiels », 2004.

Doté d'une très large culture philosophique, Jung choisit de devenir médecin psychiatre. Alors qu'il travaille dans le plus grand hôpital psychiatrique de l'époque, le Burghölzli (nous sommes dans les années 1900-1910), il lit les premiers ouvrages de Sigmund Freud et commence à entretenir avec lui une riche correspondance, avant de le rencontrer en 1906[1].

Il s'ensuit une collaboration intense et passionnée de près de sept années, qui mènera Jung du statut de dauphin de Freud (qui voyait en lui le renouveau de la psychanalyse) à la position de renégat. Il y a fort à parier que le statut incertain de Jung en France trouve son origine dans ce conflit.

Freud, comme avec chacun de ses disciples, cherche un fils obéissant. Jung, doté d'une forte personnalité, trouve en Freud une figure paternelle structurante et cette rencontre lui donne les ressources dont il a besoin pour poursuivre son propre chemin.

Mais Jung n'a pas pu s'inscrire dans une filiation directe par rapport à Freud. Leurs avis divergeaient sur :

- le statut de l'inconscient (individuel, issu du refoulé* pour Freud ; individuel et collectif, en partie préexistant pour Jung) ;
- la nature de la libido (sexuelle pour Freud ; plus large pour Jung, dont la conception de la libido est proche de ce que le philosophe Henri Bergson appelle l'« élan vital ») ;
- la diversité des complexes* (Freud pose le complexe d'Œdipe comme central et fondateur ; Jung parle *des* complexes au pluriel) ;
- l'orientation de la cure psychanalytique (retour du refoulé pour Freud ; instauration d'une dialectique du moi* et de l'inconscient pour Jung).

Cette liste ne peut être exhaustive, car pour les deux hommes le rapport à soi-même, aux autres et au monde diffère radicalement.

---

1. Sigmund Freud, Carl Gustav Jung, *Correspondance (1906-1914)*, Gallimard, 1992.

Traduit tardivement, souvent mal compris, Jung est, en France, objet à la fois de fascination et de rejet. Peu ou pas enseigné à l'université – la situation est très différente dans les autres pays d'Europe, aux États-Unis, au Canada et en Amérique latine –, il ne figure pas au programme de formation des psychologues ou des psychiatres, qui le découvrent souvent plus tard, en prenant des chemins de traverse. En France, ce sont souvent des professionnels d'autres champs qui le connaissent et font largement appel à sa pensée dans leur travail. De nombreux artistes, écrivains, plasticiens, metteurs en scène ou cinéastes, témoignent de l'apport de l'œuvre de Jung dans leur propre processus de création, mais aussi des philosophes, des sociologues, des historiens des religions le citent de plus en plus fréquemment. Depuis une quinzaine d'années, des professionnels de l'accompagnement découvrent Jung, au hasard de lectures ou de rencontres, et y puisent une matière dense qui les aide à avancer.

De nombreux ouvrages, publiés ces dernières années, permettent de mieux comprendre l'œuvre et la vie de Jung : des textes qui n'étaient pas accessibles en français, comme sa correspondance ou les textes de ses nombreux séminaires que l'éditeur Albin Michel, sous la direction de l'écrivain et directeur de collection Michel Cazenave, a publiés ces dernières années (et qui sont des succès de librairie !), ou des ouvrages sur Jung, comme la récente et passionnante biographie de Deirdre Bair[1]. Ces documents permettent un accès direct à une pensée de la complexité, du paradoxe et de l'ouverture dont de nombreux penseurs contemporains se sont inspirés, comme Edgar Morin[2].

En fait, Jung a profondément marqué nos modes de pensée. Un grand nombre de ses concepts sont aujourd'hui incontournables pour la compréhension de la dynamique psychique d'un sujet ou d'un groupe.

Explorons quelques-uns de ces concepts.

---

1. Deirdre Bair, *Jung*, Flammarion, coll. « Grandes Biographies », 2007.
2. Edgar Morin, *Introduction à la pensée complexe*, Seuil, coll. « Points Essais », 2005.

- L'*archétype**, que Jung conçoit comme une structure vide, fait office de matrice virtuelle à l'origine d'un certain type d'images, d'idées, de comportements, d'émotions, etc., comme on les rencontre dans les mythes, les contes, les rêves, les imaginations ou les délires psychotiques[1]. Les archétypes sont les structures mêmes de la psyché et on les retrouve dans toutes les productions de l'humanité. Dotés d'une forte intensité énergétique, ils peuvent entraîner des phénomènes de fascination et de possession. Un archétype peut être projeté sur une organisation ou une personne, par exemple l'archétype de la mère sur une grande entreprise. Cette dernière devra alors posséder toutes les qualités liées à la mère : sécurité de l'emploi, prise en compte des besoins de chacun, compréhension devant les spécificités des besoins des personnes, valorisation de leur bien-être. Ceux qui ont ce type d'attentes vis-à-vis d'une organisation feront probablement aussi preuve d'un certain infantilisme, voire d'une dépendance par rapport à elle. Si l'organisation vient à faillir ou à provoquer du manque, la déception sera immense.
- L'*inconscient collectif** est un ensemble structurel dont les archétypes sont les catégories et qui représente un réservoir de symboles, de mythes et d'énergie dont on retrouve l'expression dans différentes formes de création chez différents peuples.
- Les *complexes** sont des fragments de la psyché à forte tonalité affective et jouissant d'une certaine autonomie. À l'origine du complexe, il y a souvent « un choc émotionnel, un traumatisme […] ayant pour effet de séparer un compartiment de la psyché[2] ». Les complexes représentent aussi une organisation de la personnalité, structurée à travers différentes instances. Le moi* en est le complexe central, sur lequel repose une grande partie de la dynamique consciente du sujet. Pour Jung, un moi sain est un moi souple, en relation avec les processus inconscients, en même temps qu'il est capable de soutenir l'investissement dans le monde extérieur.

---

1. Aimé Agnel (dir.), *Le Vocabulaire de Carl Gustav Jung*, Ellipses, 2005.
2. Carl Gustav Jung, *L'Homme à la découverte de son âme,* Albin Michel, 2000.

- L'*ombre** est un complexe qui regroupe les aspects déplaisants de notre personnalité, ceux que nous préférons ne pas reconnaître et avons tendance à projeter sur les autres ou à leur attribuer. La reconnaissance de l'ombre est souvent la première étape d'un travail thérapeutique.
- La *persona** est le complexe à travers lequel se met en place le rapport avec le monde extérieur. Elle est très active dans le monde du travail, où chacun cherche à donner à voir ce qu'il croit être le meilleur de lui-même ou le plus en conformité avec les exigences des organisations. Cela peut se traduire par des personnalités brillantes mais factices, dont les bases sont peu solides et qui volent en éclats lorsque la pression est trop forte ou l'écart trop important entre les prétentions de la persona et la réalité du moi.
- Le *soi** est un concept complexe et paradoxal puisqu'il est envisagé par Jung comme une totalité englobant les aspects conscients du moi en même temps que les dimensions inconscientes de l'être. Le soi est à la fois un centre et une totalité.
- L'*individuation** est un processus naturel de transformation intérieure, vécu consciemment ou non, par lequel un être devient « un "individu" psychologique, c'est-à-dire une unité autonome et indivisible, une totalité[1] ».
- La *crise de mi-vie** est une période charnière correspondant à la moitié de la vie (sans qu'il soit fait référence à un âge particulier), où les intérêts, les investissements et les valeurs de la première partie de vie sont progressivement et en partie délaissés au profit d'une nouvelle orientation. Si ce processus n'est pas contrarié, il aboutit à un élargissement de la personnalité, comme on l'observe souvent.
- L'*extraversion** et l'*introversion** sont des attitudes du moi conscient (c'est-à-dire une forme d'adaptation à une situation) suivant la direction que prend la libido : vers le monde et les objets extérieurs pour l'extraversion, et vers le monde et les objets intérieurs pour l'introversion.

---

1. Carl Gustav Jung, *La Guérison psychologique*, Georg, 1987.

Lorsque nous utilisons ces termes, nous faisons référence à des concepts jungiens, la plupart du temps sans le savoir, et il est assez savoureux d'entendre ses détracteurs les reprendre à leur compte.

Or, il se trouve que les questions que soulèvent l'accompagnement en général et le coaching en particulier trouvent des réponses d'une grande richesse dès lors que l'on s'appuie sur les concepts jungiens. Grâce aux notions d'archétype*, de moi*, d'ombre*, de persona* et de mi-vie, pour ne citer que celles-là, le praticien de l'accompagnement peut accéder à une compréhension plus fine des mécanismes complexes à la base de l'évolution d'un individu et de ses interactions avec son environnement.

La typologie jungienne

Ces réflexions sur l'hygiène du coach nécessitent de donner quelques points de repère sur les travaux de Jung concernant la notion de typologie. Celle-ci ne représente qu'une infime part de ses préoccupations, mais elle est essentielle pour avancer. Elle va nous permettre de mieux comprendre les différentes facettes de l'hygiène du coach, telles que nous allons les aborder ensemble.

À la suite de sa rupture avec Freud, Jung a connu une crise profonde qui l'a conduit à vivre une expérience de confrontation intense avec l'inconscient. Il en parle longuement dans son autobiographie[1].

Types psychologiques[2] est le premier ouvrage qu'il a écrit, dans les années 1920, après cette période troublée. Ce livre doit être compris comme une tentative de description des différentes modalités de rapport au monde et aux autres. Jung cherche aussi à comprendre ce qui l'a séparé de Freud, notamment leur conception des mouvements d'introversion* et d'extraversion*.

Jung y présente l'extraversion* et l'introversion* comme des mouvements d'orientation de la libido respectivement vers le monde extérieur ou le monde intérieur. Il fait le postulat que nous avons tous une

---

1. Carl Gustav Jung, *Ma Vie, Souvenirs, rêves et pensées*, Gallimard, 2000.
2. Carl Gustav Jung, *Types psychologiques*, Georg, 1990.

orientation préférée, qui conditionne notre rapport au monde, notre mouvement de vie.

L'extraversion* amène la personne à valoriser son rapport avec le monde et les objets extérieurs. Dans un double mouvement d'orientation et de recherche d'énergie, la personne est tournée vers les stimuli extérieurs, dont elle a besoin pour se ressourcer, se recharger en énergie. C'est aussi vers ce monde extérieur que la personne oriente ses intérêts et ses préoccupations. Le mouvement, l'action, les sollicitations extérieures sont valorisées.

L'introversion* amène la personne à valoriser son rapport avec le monde et les objets intérieurs. Dans un double mouvement d'orientation et de recherche d'énergie, la personne est tournée vers son monde intérieur, ses sensations, ses pensées, ses sentiments. Ce sont ces stimuli qui la ressourcent, la rechargent en énergie. C'est aussi vers ce monde intérieur que la personne oriente ses intérêts et ses préoccupations. Le calme, la réflexion, l'approfondissement sont valorisés.

Extraversion ——————————————— Introversion

Jung développe aussi l'idée de fonctions psychologiques*.

La première fonction psychologique est la fonction de perception. Elle comporte deux pôles : la sensation (perception du monde à travers les sens, l'ici et maintenant, le concret, le réel) et l'intuition (perception du monde dans une appréhension globale, liée à une chaîne associative, au symbole).

Fonction de perception

Sensation ——————————————— Intuition

La deuxième fonction est la fonction de valeur, de prise de décision. Comme la première, elle comporte deux pôles : la pensée (mode de décision logique, fondé la plupart du temps sur des critères de rationalité extérieurs au sujet) et le sentiment (mode de décision fondé sur les valeurs personnelles, subjectives, du sujet).

Fonction de prise de décision

Pensée ——————————————— Sentiment

La dynamique des fonctions : un parcours de vie et de croissance

Pour Jung, nous possédons tous ces quatre fonctions, la sensation/ l'intuition, la pensée/le sentiment, mais, dans notre parcours de développement personnel, nous en privilégions une des quatre qui devient notre fonction dominante.

Les trois autres se positionnent autour d'une croix, dite « croix des fonctions », en rôle et place de fonctions auxiliaire, tertiaire et inférieure, soit de la plus développée à la moins développée.

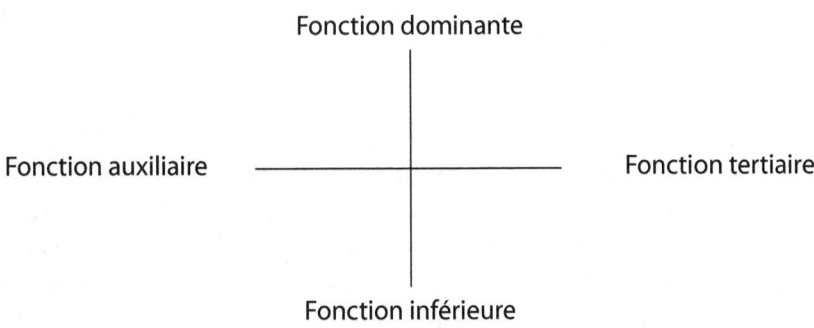

Notre croix des fonctions, c'est-à-dire le positionnement des fonctions en fonctions dominante, auxiliaire, tertiaire et inférieure, conditionne largement notre rapport au monde, que nous avons tendance à appréhender, surtout dans la première partie de notre vie, à travers le prisme de notre fonction dominante.

Par ailleurs, selon notre orientation préférée, nos fonctions sont orientées de façon introvertie ou extravertie, avec des mouvements de balancier, de compensation.

Les inventaires typologiques

Des inventaires de personnalité existent depuis plusieurs décennies, partout dans le monde. Ils sont proposés aux personnes pour les aider à repérer leurs préférences typologiques. La connaissance de leurs « préférences » peut les aider par exemple à faire des choix d'orientation, d'évolution professionnelle, ou leur permettre de mieux comprendre la nature spécifique de certaines de leurs réactions et ce qui anime les personnes qui les entourent.

En France, les inventaires les plus connus sont le MBTI®[1], qui a été introduit dans les années 1980, et le GOLDEN®[2], outil typologique de deuxième génération qui ouvre de nouvelles perspectives, comme la gestion du stress.

Ces inventaires doivent être utilisés comme des pistes de travail possibles, et non comme des grilles de lecture définitives. C'est le bénéficiaire, celui qui passe l'inventaire, qui est le plus légitime pour identifier ses préférences typologiques. L'outil n'est là que pour lui offrir un support de réflexion.

La mi-vie

En deuxième partie de vie, ce sont les fonctions* qui ont été jusquelà les moins investies qui demandent à être reconnues et intégrées. Ce mouvement d'évolution naturelle, lié à la dynamique des fonctions, amène la personne à parcourir les quatre fonctions au cours de son existence. Il permet une meilleure compréhension des intérêts et des

---

1. MBTI®, Myers-Briggs Type Indicator, édité par OPP, Oxford Psychological Press.
2. GOLDEN®, Inventaire typologique de développement de Golden, édité par ECPA, Éditions du centre de psychologie appliquée.

motivations nouvelles qui émergent au fur et à mesure d'un parcours de vie, par exemple en termes de choix de métier.

La mi-vie est un moment de « bascule » tout à fait privilégié. Comme Jung le rappelle dans *L'Âme et la vie*[1] : « C'est tout à fait à l'improviste que nous arrivons au midi de la vie ; pis encore, nous l'atteignons armés des idées préconçues, des idéaux, des vérités que nous avions jusqu'alors. Or il est impossible de vivre le soir de la vie d'après les mêmes programmes que le matin, car ce qui était alors de grande importance en aura peu maintenant et la vérité du matin sera l'erreur du soir. »

La mi-vie commence d'ailleurs à faire l'objet de recherches, aussi bien sur le plan psychologique que sur le plan sociologique[2]. Il était temps de s'intéresser à cette question sur laquelle Jung a beaucoup travaillé et proposé des éléments de compréhension très intéressants. Une abondante bibliographie existe déjà sur ce sujet au Canada. En France, l'ouvrage récent de la psychiatre Françoise Millet-Bartoli traite avec humour des différents bouleversements de cette étape charnière et permet de mieux comprendre la spécificité de ses enjeux[3].

Revenons à l'hygiène du coach. Marie-Louise von Franz a donc écrit *Psychothérapie, l'expérience du praticien*[4] à la fin des années 1970. Dans cet ouvrage, le chapitre intitulé « Profession et vocation » est d'une étonnante actualité par rapport à nombre de nos préoccupations sur le « devenir et être coach », même si, au départ, sa réflexion portait sur la formation des analystes jungiens à l'Institut Jung de Zurich.

Cette réflexion sur la vocation soulève les questions essentielles qui se posent au coach : l'hygiène mentale, l'hygiène psychologique, l'hygiène du rapport à l'environnement, et l'hygiène de l'ouverture et de la disponibilité. Marie-Louise von Franz les met en relation avec les quatre fonctions psychologiques* telles que Jung les a décrites

---

1. Carl Gustav Jung, *L'Âme et la Vie*, Buchet-Chastel, 1965.
2. Martine Fournier (dir.), « Les âges de la vie bouleversés », *Sciences humaines*, n° 193, mai 2008.
3. Françoise Millet-Bartoli, *La Crise du milieu de la vie*, Odile Jacob, 2006.
4. Marie-Louise von Franz, *op. cit.*

dans sa typologie (fonctions de perception que sont la sensation et l'intuition et fonctions de prise de décision que sont la pensée et le sentiment).

L'hygiène mentale

L'hygiène mentale du coach, c'est-à-dire sa formation et son travail intellectuel, a un lien avec le développement de la fonction pensée. L'envie d'accompagner autrui et l'intégrité morale ne sont en effet pas suffisantes, car elles risquent de provoquer une identification* à l'archétype* du guérisseur. Il est donc nécessaire que le coach travaille, qu'il soit obligé de travailler : même si « la personne en inflation n'aime pas travailler, puisque, de toute façon, elle sait mieux et de façon plus approfondie tout ce qu'il y a à savoir… le dur labeur d'études ardues contribuera à vaincre cet état d'inflation[1] ». Le lecteur aura compris que la personne en inflation se considère comme parvenue à un tel niveau de développement et de connaissance qu'elle n'a plus besoin de se remettre en question et de continuer à travailler !

Pour le coach d'aujourd'hui, cela pourrait signifier travailler les théories et les techniques du coaching, se familiariser avec les différents courants et épistémologies du coaching, lire, écrire des articles, participer à des conférences, en donner, s'impliquer dans des groupes de travail, être en formation continue, etc., tout en restant ouvert aux autres courants de pensée.

Se former

Depuis que le coaching a commencé à faire parler de lui, de nombreux cursus de formation ont vu le jour. S'il s'agissait, au départ, de formations dispensées par des organismes privés, autour d'un formateur, on trouve aujourd'hui une offre pléthorique de formations dispensées par des organismes privés ou des universités. Les apprentis coachs ont donc un large choix dans lequel il n'est pas

---

1. Marie-Louise von Franz, *op. cit.*

toujours facile de se repérer. Des ouvrages de qualité peuvent toutefois les y aider[1].

En fonction de sa sensibilité personnelle, de ses référentiels théoriques, de sa disponibilité et de ses moyens financiers, l'apprenti coach pourra suivre un ou plusieurs cycles de formation au coaching. Il devra toutefois éviter les cycles de formation courts qui ne peuvent en aucun cas donner les bases suffisantes à une formation initiale.

Les formations sérieuses proposent un enseignement diversifié, dispensé par une équipe pluridisciplinaire témoignant des différents courants théoriques qui sous-tendent aujourd'hui les démarches d'accompagnement professionnel. Elles prennent en compte les aspects psychologiques, sociologiques et organisationnels. Elles intègrent des modules de psychopathologie et de sociologie des organisations. De plus, elles engagent le futur coach à commencer une pratique supervisée et lui donnent des références théoriques solides.

Différents courants irriguent les grandes écoles de coaching. Certains d'entre eux, comme les approches comportementalistes ou cognitivistes, encouragent le coach à rechercher l'obtention de résultats observables à partir de changements de comportements chez le coaché. Il s'agit alors de mesurer l'efficacité du coaching, d'apprécier des résultats tangibles. Le coach est incité à se former à des techniques et à des outils, à apprendre son métier de coach. Toutes ces techniques peuvent être utiles, mais elles sont insuffisantes si elles font l'économie de la question centrale du désir du coach, du sens que le devenir a pour lui, de la transformation profonde qui doit s'opérer en lui pour légitimer son projet.

D'autres courants, comme les courants d'orientation psychanalytique ou humaniste, sont plus centrés sur les personnes du coach et du coaché. Ils interrogent le coach sur son désir de devenir coach et l'orientent vers une position de travail où il est son seul « outil ». Ces courants négligent parfois la rigueur méthodologique, les apports conceptuels et techniques nécessaires à la pratique, alors que ceux-ci

---

1. Jean-Yves Arrivé et Isabelle Frings-Juton, *Maîtriser le coaching*, Éditions Liaisons, 2004.

font partie intégrante d'un cursus de formation, même s'ils ne doivent pas être mis à la place de la relation entre le coach et le coaché.

En fait, il est important que les coachs soient ouverts à d'autres référentiels théoriques que ceux dont ils sont issus. Cette ouverture est indispensable lors de la formation initiale et elle s'entretient tout au long de la vie professionnelle.

Parus récemment, plusieurs ouvrages décrivent les différents courants qui sous-tendent le coaching aujourd'hui, en même temps qu'ils donnent des informations précises sur les différentes formes de coaching[1]. Leur lecture peut favoriser cette curiosité et cette dynamique d'ouverture.

Encore et toujours

Après la formation initiale, l'aventure ne fait que commencer et la formation continue est une nécessité pour rester en réflexion et en mouvement. Certains organismes de formation, ainsi que les sociétés professionnelles, organisent régulièrement des cycles de conférences, des journées d'étude ou des colloques. Il est facile d'y participer et donc de partager les réflexions de professionnels issus du monde des sciences humaines autour des questions liées à l'accompagnement, et au coaching en particulier.

L'hygiène psychologique

Après l'hygiène mentale, qui fait largement appel à la fonction pensée, la deuxième facette concerne le côté « cœur », tel que Marie-Louise von Franz le nomme, qu'il faut entendre comme un profond engagement dans une démarche thérapeutique de connaissance de soi, nécessaire à tous ceux qui s'orientent vers l'accompagnement. En langage jungien, il s'agit de développer le sentiment, qui est la fonction de valeur en lien avec l'hygiène psychologique.

---

1. Pierre Angel, Patrick Amar, Émilie Devienne, Jacques Tencé, *Dictionnaire des coachings*, Dunod, 2007 ; Pierre Angel, Patrick Amar, *Le Coaching*, PUF, coll. « Que sais-je ? », 2006.

L'accompagnant : un enfant blessé qui cherche réparation

En introduction à ce chapitre, nous évoquions le fait que les coachs, comme les autres accompagnants, n'échappent pas au paradoxe de l'accompagnant blessé dès l'aube de son existence, qui cherche à réparer cette blessure en exerçant une activité qui lui permet d'aider les autres. Trop souvent, cet aspect est négligé par les coachs, alors qu'il est au centre de leur pratique future et à l'origine de leur motivation à aider les autres.

Ce n'est pas en tenant leur histoire à distance que les futurs coachs se donnent les moyens d'accompagner les autres, bien au contraire. Laissons la parole à Alice Miller, célèbre psychothérapeute allemande. Dans son ouvrage *L'Avenir du drame de l'enfant doué*[1], elle explique qu'elle s'est trouvée confrontée à maintes reprises au type de destin d'enfant caractéristique des individus exerçant une profession d'aide à autrui :

- « Ils ont une mère souffrant d'une profonde insécurité émotionnelle, dont l'équilibre affectif dépendait d'un comportement donné ou d'une certaine manière d'être de l'enfant. […]
- S'ajoutait à cela une étonnante *aptitude de l'enfant* à sentir par intuition, donc également de manière inconsciente, ce besoin de sa mère et à répondre, c'est-à-dire à assumer la fonction qui lui était inconsciemment assignée.
- L'enfant s'assurait, de la sorte, de l'"amour" des parents. Il sentait qu'on avait besoin de lui, et sa vie se trouvait ainsi légitimée. Cette capacité d'adaptation va se développer et se perfectionner, et ces enfants non seulement deviennent la mère […] de leur mère, mais encore prennent en charge leurs frères et sœurs, et ils développent finalement une *sensibilité très particulière aux signaux inconscients des besoins d'autrui.* »

Nous voilà donc fixés sur ce qui est à l'origine de cet étrange souhait de s'occuper des autres et du malentendu préjudiciable qui peut

---

1. Alice Miller, *L'Avenir du drame de l'enfant doué*, PUF, coll. « Le Fil rouge », 2003.

s'installer autour de cette histoire des origines. S'occuper des autres, être attentif à leurs besoins, être « inconsciemment » branché sur leurs failles, et cela afin d'être aimé, ne risque-t-il pas de conduire tout droit à de terribles déceptions ? Car, dans l'accompagnement, les coachs rencontrent des personnes en souffrance, en questionnement, en difficulté, qui ne sont pas forcément en mesure de les nourrir sur le plan narcissique… Ce malentendu risque donc de creuser encore plus la faille narcissique* du coach et d'empêcher l'établissement d'un espace de travail propice à l'élaboration* chez le coaché.

Un parcours thérapeutique pour soigner ses blessures

Peu importe la nature de ce parcours pourvu qu'il permette au futur praticien de travailler en profondeur. Il s'agit de vivre l'érosion de ses positions idéales*, c'est-à-dire d'être confronté à la dépression, à l'incomplétude, au manque, à la castration* (si on fait référence à une épistémologie freudienne) ainsi qu'à l'ombre*, son ombre, et au sacrifice d'une image idéale de soi* (si on a plutôt des références jungiennes).

Pour cela, il faut prendre le temps et s'inscrire dans un rythme régulier. Trois années de travail thérapeutique sont un minimum. Il est essentiel aussi que cette expérience se vive dans l'éprouvé du transfert*, en relation duelle, ce qui n'exclut pas le travail de groupe en complément.

L'offre de thérapie est très large actuellement. Des ouvrages sérieux et complets peuvent aider la personne en recherche à faire un choix éclairé[1]. Les principaux courants y sont décrits de façon vivante par leurs différents représentants : psychanalyse, psychothérapie, approche comportementale y figurent en bonne place.

En tant que praticien de l'accompagnement, il est essentiel d'aller aussi loin que possible dans le chemin de la connaissance de soi. Dans *À quel psy se vouer ?*, le psychanalyste Serge Tisseron[2], qui présente l'approche psychanalytique freudienne, explique que celui ou celle

---

1. Mony Elkaïm (dir.), *À quel psy se vouer ?*, Seuil, coll. « Couleur psy », 2003.
2. Serge Tisseron, « La psychanalyse freudienne et ses voies nouvelles », *ibid.*

qui nourrit le projet de devenir thérapeute est libre de choisir d'exercer dans tel ou tel champ thérapeutique, mais qu'il a le devoir de s'engager dans la démarche la plus complète et la plus profonde, c'est-à-dire une démarche analytique.

Le coach n'est pas un thérapeute, c'est évident ! Néanmoins, c'est un professionnel de la relation. Il est donc confronté aux dynamiques transférentielles et contre-transférentielles, qui sont l'essence même de toute relation humaine. Il travaille à partir de ses ressentis positifs ou négatifs concernant les personnes qu'il accompagne et il se doit d'être le plus au clair possible sur sa propre dynamique consciente et inconsciente.

Le coach est l'objet de projections* diverses et variées de la part de ses clients. Pour certains d'entre eux, il sera perçu comme une personne accomplie, parvenue au faîte de son développement et, à ce titre, parée de tous les atours du sage dont chaque geste ou chaque parole est incontestable. Pour d'autres, il sera vécu comme une mère inconditionnellement bonne, devant comprendre et tout accepter, sans jamais émettre le moindre doute ou la moindre remise en cause. Pour d'autres encore, il incarnera une sorte de figure parentale qu'il est urgent de remettre en question pour la détrôner et la dépasser. Dans ces trois cas (mais la gamme des scénarios possibles est infinie), il est important que le coach ne s'identifie pas au rôle qui lui est attribué – le sage, la bonne mère ou le parent à dépasser –, car il sait qu'il n'est aucune de ces figures.

Notons au passage qu'il est plus difficile de prendre de la distance par rapport aux projections positives que par rapport aux projections négatives. Il est plus agréable de se prendre pour un sage ou pour une bonne mère que pour un parent à contester. Mais c'est en restant à la bonne distance, tout en étant conscient de ce qui est projeté sur lui, que le coach trouvera la posture juste pour accompagner son client dans son développement.

De même, il doit être en mesure d'appréhender en finesse les mécanismes de défense* présents dans toute situation de transition, d'accepter l'agressivité (celle de l'autre mais surtout la sienne), la destructivité et la négativité à l'œuvre dans tous les aspects des relations interpersonnelles, d'accepter l'échec apparent de ses interventions qui ne déboucheront pas forcément sur un changement ou une transformation visible, d'être attentif aux scénarios infantiles, aux trames invisibles qui tissent les histoires individuelles et collectives.

La figure d'Asclépios

Jung, à propos de ceux qui choisissent d'accompagner les autres, fait souvent référence à la figure mythologique du dieu de la médecine Asclépios (pour les Grecs) ou Esculape (pour les Romains).

Fils d'Apollon et de la nymphe Coronis, Asclépios fut confié aux bons soins du centaure Chiron, qui lui apprit les vertus thérapeutiques des plantes sauvages. Il savait ainsi fabriquer des médicaments, des potions, et était capable de pratiquer la chirurgie. Parce qu'il outrepassa ses droits en ressuscitant des morts, Zeus le punit en le foudroyant, avant de le rappeler à la vie sous la forme d'un serpent.

Asclépios était un dieu très populaire. Lorsqu'il apparaissait en songe aux prêtres de son temple, à Épidaure, il leur révélait des remèdes. Ses descendants (il épousa une humaine), les Asclépiades, formèrent une confrérie de guérisseurs, dont Hippocrate serait l'un des principaux représentants.

Asclépios soigne les autres parce qu'il a été blessé par Zeus, ce qui le rend sensible à la blessure des autres. En tant que soignant, il prend le risque de maintenir ouverte sa blessure (à la fois physique et psychologique), de telle sorte qu'il est en permanence relié à cette sensibilité. Si sa blessure s'ouvre trop, il retombera malade ; s'il la laisse se refermer complètement, il ne sera plus en mesure d'exercer son métier. Asclépios est considéré comme la figure archétypique du guérisseur. Ce paradoxe est celui auquel sont confrontés, en permanence, tous les professionnels de l'accompagnement.

La posture clinique

Ces premières réflexions permettent de comprendre que la posture acquise progressivement par le praticien sera l'élément essentiel de son travail. La posture clinique est celle qui consiste à penser que le praticien doit toujours s'interroger sur lui-même dans le travail d'accompagnement qu'il réalise. Elle est à la croisée des chemins entre la compétence personnelle et la compétence acquise, par le biais de la formation et de l'expérience. Elle est toujours liée à la qualité du travail sur soi que le praticien a entrepris.

Le coach doit se situer au plus près de l'autre, dans l'exploration de son récit, de son histoire, de ses motivations, en limitant, dans la mesure du possible, identification* et contre-identification*. L'écoute est centrée sur la personne dans sa complexité, dans un accueil des registres intellectuels, émotionnels et sociaux. C'est une écoute sensible, non évaluative et empathique.

L'étymologie du mot « clinique » situe ce terme dans une position spécifique de « visite au pied du lit ». Il est question du lit du malade où s'expose une souffrance demandant un soin. Comme le rappelle la sociologue Nicole Aubert[1], « la spécificité de l'approche "clinique" tient à trois éléments interdépendants – la situation, la relation et la demande ». Ces éléments, on les retrouve bien sûr dans toute situation d'accompagnement.

D'une pratique du regard – celui que le médecin porte sur le malade – la clinique a évolué vers une pratique de l'écoute et de la relation. Une des spécificités de la position clinique est aujourd'hui l'implication du praticien, qui, comme le rappelle la psychosociologue Jacqueline Barus-Michel[2], « analyse ses propres positions, interférences et inductions comme partie du matériel ».

L'hygiène du rapport à l'environnement

Après l'hygiène mentale qui sollicite la fonction pensée et l'hygiène psychologique qui s'appuie sur la fonction sentiment, abordons la troisième facette de l'hygiène du coach. Elle concerne son rapport au monde concret, sa connaissance de l'entreprise et de ses rouages,

---

1. Nicole Aubert, « Du travail organisé à l'organisation instituante : frontières et limites de la sociologie clinique », dans Vincent de Gaulejac et Shirley Roy (dir.), *Sociologies cliniques*, Desclée de Brouwer, 1993.
2. Jacqueline Barus-Michel, Eugène Enriquez, André Lévy, *Vocabulaire de psychosociologie*, Érès Éditions, 2002.

l'expérience qu'il a pu y acquérir, les conditions matérielles qu'il crée pour exercer en tant que coach, son rapport à l'argent et son rapport au corps – le sien et celui de l'autre. Il s'agit de développer la fonction de perception du monde sensoriel, la sensation.

La connaissance des organisations

Le coach est un professionnel possédant une véritable expérience de l'entreprise. Il connaît les organisations, y a déjà travaillé et peut apprécier les situations qui lui sont présentées à l'aune d'une connaissance objective. L'exercice du coaching suppose la prise en compte d'éléments multifactoriels : une problématique individuelle, dans un contexte donné, avec des acteurs multiples œuvrant au sein d'une organisation dotée de sa culture et de son histoire, où les dimensions économiques sont très présentes.

Le coach doit être en mesure d'appréhender ces différents niveaux d'interaction et de les comprendre sans adopter une position unilatérale ou une lecture à sens unique. Il est en mesure de prendre en compte la problématique spécifique de son client dans le contexte particulier de l'organisation dans laquelle celui-ci évolue.

À travers une expérience directe

Cette culture des organisations doit faire partie des cursus de formation au coaching, mais il est aussi souhaitable qu'elle s'alimente de l'expérience propre du coach.

Nous l'avons vu, de nombreux coachs s'orientent vers ce métier après une carrière dans des disciplines proches ou éloignées de cette activité. Or, de même que beaucoup de professionnels de l'accompagnement ont fait le choix de ces métiers à partir d'une blessure initiale qui les a rendus particulièrement sensibles à la détresse de l'autre, nombreux sont les coachs qui s'orientent vers l'exercice du coaching à partir d'une rupture professionnelle subie, qui a parfois laissé des traces cuisantes. Ces « blessés » des organisations vivent leur nouveau métier non seulement comme une réparation personnelle, mais aussi comme une croisade visant à soulager la souffrance de ceux qui sont restés dans les organisations.

Le monde du travail est certes un monde difficile où la compétition est très présente et la pression forte. C'est aussi une communauté humaine permettant aux individus de créer des liens, d'apporter leur contribution, de se sentir utiles et reconnus. Il suffit de constater la souffrance qu'engendrent un licenciement ou la perte d'un emploi pour mesurer les enjeux multiples du rapport au travail et aux organisations pour un individu : enjeux de socialisation, de réalisation de soi, d'expression de sa créativité, de reconnaissance par les autres…

Un important travail d'élaboration* personnelle est donc nécessaire au coach pour prendre de la distance vis-à-vis des déceptions qu'il a vécues au cours de son propre parcours dans l'entreprise. Ainsi, il évitera deux écueils : les projections* intempestives et l'adoption d'une position de sauveur.

Si le coach est resté coincé dans une expérience professionnelle négative ou frustrante, s'il n'a pas effectué ce travail d'élaboration* nécessaire à un rapport « juste » à la complexité que représente la relation au travail, il risque fort de diaboliser l'entreprise, ce qui sera très préjudiciable à l'exercice de son métier.

À l'autre extrémité du spectre, on rencontre le coach resté pris dans une identification* à une entreprise idéalisée, qui reprend à son compte, sans les questionner, les demandes de conformité adressées à certains collaborateurs. Il considère sa mission comme liée uniquement à l'augmentation de la performance et à l'obtention de résultats tangibles, et n'est pas en mesure de faire un travail d'accompagnement, centré sur le sujet en interaction avec son environnement, dans une visée questionnante et créatrice.

Certains professionnels de la relation d'aide, psychothérapeutes ou psychanalystes ayant toujours travaillé dans leur cabinet en libéral et ne possédant pas l'expérience des organisations, se lancent également dans le coaching, y voyant une façon de diversifier leurs activités, et peut-être aussi parfois de bénéficier d'honoraires sensiblement plus élevés que ceux qu'ils perçoivent habituellement en tant que thérapeutes. Or, le coaching se situe à l'articulation du psychologique, du social et de l'organisationnel, et nécessite une connaissance de l'ensemble de ces champs. L'improvisation est risquée, car elle peut conduire à une psychologisation excessive des problématiques de la part d'un professionnel qui resterait dans une lecture intrapsychique des matériaux apportés par le client.

La connaissance des organisations de l'intérieur, à partir de sa propre expérience, fait partie des piliers sur lesquels le coach va pouvoir s'appuyer pour mener à bien ses interventions.

S'installer en tant que coach et en vivre

Voici un sujet délicat et fréquemment négligé en amont, lors du choix de cette nouvelle orientation. Trop souvent, il est abordé sous l'angle d'un plan de développement « marketing ». Il s'agit d'évaluer un marché potentiel, de vérifier la faisabilité de ce projet par le biais de chiffres, de liens avec d'éventuels prescripteurs et de comparaisons avec les résultats de confrères déjà installés.

Des questions plus personnelles restent souvent en arrière-plan : dans quel cadre vais-je exercer mon activité ? Vais-je pouvoir en vivre et apporter à ma famille une contribution équivalente à celle que j'apportais avant ? Comment réagissent mes proches à ce changement d'orientation ? Quel est le réseau dont je dispose pour me faire connaître et proposer de nouvelles prestations ? Autant de questions éludées et qui reviennent sur le devant de la scène après coup. Or, elles ont un lien direct avec l'hygiène du coach, la sérénité et la tranquillité d'esprit avec lesquelles le futur professionnel exercera son métier. Elles auront de profonds retentissements sur sa posture.

Le choix du coaching s'inscrit souvent dans une dynamique altruiste : aider et accompagner les autres. Même s'il est plutôt question de s'accompagner soi-même d'abord, un certain idéalisme prime, et les coachs manquent parfois de sens pratique, voire de réalisme. Ils sont tournés vers les autres, le développement des relations humaines et la quête de sens. Ils ont tendance à négliger le rapport au monde matériel et la question de l'argent est tenue à distance, voire refoulée.

Cette question de l'argent est pourtant primordiale. Quelle place le coaching va-t-il représenter dans leur activité professionnelle ? Vont-ils pouvoir en vivre ? Et en vivre assez bien pour pouvoir refuser une mission si celle-ci ne répond pas aux critères déontologiques qu'ils se sont promis de respecter ?

Souvent, on touche là un angle mort, un point aveugle… Dans les premières années, entre 1995 et 2000, l'exercice du coaching était associé au coaching de dirigeants. Il était réputé très rémunérateur, et quelques professionnels, les pionniers, se targuaient de facturer des honoraires prohibitifs. À n'en pas douter, ces rumeurs (donc ces fantasmes) ont alimenté de façon inconsciente les motivations de nombreux coachs…

Officiellement, le coaching est un métier naissant, où la question de l'argent est encore éludée, et où les déceptions ne manquent pas de se produire après la période enthousiaste de la formation, lorsqu'il s'agit de trouver ses premiers clients, de leur demander des honoraires et de faire ses comptes !

Les années ont passé et le constat actuel est que le coaching n'est pas la poule aux œufs d'or que certains avaient imaginée. Certes, le marché existe, les entreprises ont intégré cette offre dans la palette de ce qu'elles proposent à leurs collaborateurs et font appel à des professionnels qu'elles rémunèrent de façon correcte.

Toutefois, rares sont les coachs qui ne vivent que du coaching… sauf peut-être ceux qui ont créé des écoles de coaching ! La plupart des coachs exercent plusieurs activités de front : formation, conseil, bilan de compétences. S'ils sont coachs internes, ils ne le resteront peut-être pas toujours et seront amenés à évoluer au sein de leur entreprise dans diverses fonctions liées aux ressources humaines.

La réflexion sur le réalisme d'un tel projet est donc nécessaire pour tous ceux qui envisagent de devenir coachs. Les conditions économiques dans lesquelles ils vont exercer cette activité auront une conséquence directe sur leur autonomie, leur liberté d'action et leur équilibre personnel, professionnel et social. Éviter ces questions peut conduire à des situations catastrophiques, à des impasses qui réactivent des vécus d'échec et ces fameuses blessures narcissiques initiales.

Jean-Claude ou les illusions perdues

À quarante-deux ans, Jean-Claude décide de changer d'orientation professionnelle, dans le cadre de la fusion de son entreprise avec une entreprise concurrente et du plan de licenciement qui en découle. Depuis vingt ans, il travaille dans le secteur de l'assurance, où il a exercé des fonctions techniques, commerciales puis managériales. En tant qu'animateur d'équipes, il a eu l'occasion de suivre plusieurs stages de communication et s'est découvert une passion pour les relations humaines.

Jean-Claude est dans un moment délicat de sa vie et se pose de nombreuses questions. Ces dernières années, il a vécu un divorce. Son fils, un grand adolescent, l'inquiète, car il est en rupture scolaire alors qu'il était jusque-là un excellent élève, promis à de brillantes études. Jean-Claude sent son mode de vie vaciller... Il ne croit plus vraiment à sa carrière dans le secteur de l'assurance et la crise familiale qu'il traverse vient réactiver ses propres désirs d'adolescent, qu'il avait d'ailleurs « oubliés ».

À quinze ans, il voulait devenir ingénieur agronome et partir travailler en Afrique dans le cadre de missions humanitaires, mais son père a insisté pour qu'il fasse des études de mathématiques, pour lesquelles il était si doué, et il est devenu actuaire. D'autres souvenirs remontent : la dépression de sa mère lorsqu'il était enfant, sa souffrance silencieuse de petit garçon. Les relations humaines, l'envie d'aider les autres, questionner les valeurs de l'argent, de la réussite sociale... tout cela se bouscule dans sa tête et Jean-Claude décide de franchir le pas.

Avec sa prime de licenciement, il s'inscrit dans une école de coaching (une des plus chères du marché !) et projette de créer son propre cabinet. Le cursus le passionne, Jean-Claude découvre un monde nouveau, rencontre des personnes très différentes de celles qu'il a eu l'habitude de côtoyer ces dernières années, noue une relation amoureuse avec une jeune femme qui suit, elle aussi, cette formation.

C'est ensuite que les choses se gâtent. Jean-Claude crée son cabinet et commence à démarcher des clients, sans succès. Son réseau est celui de son ancien secteur d'activité et il a du mal à se faire connaître pour ses nouvelles compétences. Petit à petit, la déception s'installe, les inquiétudes apparaissent : comment va-t-il faire pour vivre lorsqu'il ne touchera plus ses allocations chômage ? Inquiétude d'autant plus forte que sa compagne est dans la même situation que lui...

Jean-Claude démarre une supervision qui lui permet de mettre à plat sa situation. Il prend conscience qu'il a mélangé les registres et fait l'économie d'un travail approfondi sur son histoire et ses motivations profondes. Il n'a pas vraiment mesuré les conséquences de son choix.

▶

> Jean-Claude est amené à réévaluer ses orientations professionnelles : il retrouve un poste de gestionnaire en ressources humaines dans le secteur de l'assurance, où il fait le lien entre ses compétences acquises et ses nouvelles aspirations à accompagner les autres. Il s'engage aussi et enfin dans une psychothérapie, ce qui lui permet de rassembler les morceaux de sa vie, de les tisser ensemble et de vivre sur un plan intérieur ce qu'il avait cherché trop précocement à mettre en actes.

Ce cas, malheureusement fréquent, illustre la double problématique d'un travail personnel éludé et d'une sous-estimation des difficultés à se positionner dans une nouvelle profession. La responsabilité en incombe bien souvent à certaines écoles de formation au coaching qui ne mettent pas suffisamment en garde leurs élèves sur les difficultés d'installation, et entretiennent la pensée magique et l'illusion de la toute-puissance infantile*.

Activité et équilibre

Être bien dans l'exercice de son activité, c'est aussi consacrer du temps et de l'énergie à nourrir sa propre vie. Nombreux sont les coachs qui sont sollicités pour accompagner un client dans une problématique de gestion du temps, alors qu'eux-mêmes ont la plus grande difficulté à gérer le leur ! La question du stress, qui est aujourd'hui au cœur de nombreuses préoccupations, peut aussi servir d'exemple pour illustrer l'histoire du cordonnier bien mal chaussé. Que de coachs stressés, anxieux, n'accordant aucune attention à leur hygiène de vie… et censés écouter, accompagner leur client à la recherche d'un meilleur équilibre !

Être attentif à son propre corps, au corps de l'autre, à sa respiration, à sa voix ; s'accorder vraiment le temps de l'écoute, laisser la place au silence, être bien dans son espace de travail, avoir la place d'y accueillir l'autre, s'accorder des temps de pause ; ne pas avoir besoin de remplir son agenda à tout prix, se questionner sur sa peur du vide dans le cas contraire, avoir le temps et les ressources de se nourrir ailleurs que dans l'exercice de son métier, à travers d'autres rencontres ; s'engager dans la vie de la cité, pratiquer un sport, accorder une place aux arts, à la culture en général... autant de préoccupations essentielles dans la posture de l'accompagnant et qui ne sont possibles que s'il y a une certaine sérénité dans l'exercice du métier, une sécurité ontologique* chez celui ou celle qui l'exerce.

L'hygiène de l'ouverture et de la disponibilité

Après les trois facettes de l'hygiène du coach que nous venons de parcourir – l'hygiène mentale, l'hygiène psychologique et l'hygiène du rapport à l'environnement –, intéressons-nous maintenant à la quatrième et dernière facette. C'est celle qui concerne l'intuition, fonction de perception, telle que Jung l'a décrite dans sa typologie.

Accepter l'inattendu

Il s'agit de la possibilité de faire des liens, d'anticiper sur des situations à venir, d'enrichir le travail de coaching par des apports extérieurs, d'être disponible pour accueillir l'inconnu et l'irrationnel, c'est-à-dire la dimension métaphysique du coaching.

C'est un point essentiel, car, malgré les apprentissages, les techniques et les outils que le coach a pu acquérir, il est toujours confronté à une situation inattendue, puisqu'il s'agit d'une rencontre avec un autre. Il est obligé de lâcher prise sur ses certitudes et d'accepter de se remettre en question, à chaque nouvelle mission.

Le coach est un passeur d'une rive à l'autre, mais ce qu'est cette autre rive, qui peut le décrire en amont d'un accompagnement ? Certes, des pistes seront explorées, dont certaines seront rejetées ou s'élimineront d'elles-mêmes, mais ce qui émergera finalement sera toujours de l'ordre de l'inattendu.

Cette situation porte en germe ses potentialités. Les laisser affleurer et se déployer suppose une sensibilité particulière au « laisser advenir », c'est-à-dire à la possibilité de lâcher prise sur ce qui est attendu ou souhaité. Le coach n'a pas à désirer pour celui ou celle qu'il accompagne dans telle ou telle orientation. Même si l'accompagnement a fait l'objet d'un contrat tripartite où le payeur, le bénéficiaire et le coach ont identifié des objectifs de travail et les ont rédigés de telle sorte qu'ils soient partagés, la façon dont le bénéficiaire va se les approprier, les mettre en forme, les actualiser dans son contexte professionnel lui appartient en propre. Le coach doit posséder une sécurité ontologique* suffisante pour accepter que ses propres représentations* ou propositions soient mises à mal par son client.

La plupart du temps, ce qui se dégage est de l'ordre de la co-élaboration*. Les deux protagonistes sont conscients d'avoir apporté leur pierre à l'édifice et savent en même temps qu'aucun d'entre eux n'aurait pu, au départ, imaginer déboucher sur cette piste.

Patrick ou l'inattendu

Patrick, numéro deux d'une PME familiale dans le secteur industriel, se voit proposer un coaching par le directeur général, qui vient de prendre ses fonctions dans la société, jusque-là dirigée par le fondateur.

Patrick travaille dans l'entreprise depuis plus de vingt ans, il en connaît tous les rouages et a évolué d'un poste d'ingénieur technique au poste de directeur de la production. Il formait un tandem bien rodé avec le précédent directeur général et prend cette proposition de coaching comme un désaveu. Il se demande ce qu'il peut faire de plus. Il est présent dès sept heures du matin dans les locaux, échange en permanence avec l'ensemble des acteurs du système, connaît chaque poste de travail et pallie toutes les défaillances techniques et humaines de son service.

Or, son nouveau directeur général attend de lui une plus grande disponibilité pour être force de proposition dans le comité de direction et l'aider à élaborer des stratégies différentes en vue de conquérir de nouveaux marchés. La stratégie était la chasse gardée de l'ex-directeur général et Patrick ne trouve pas ses marques dans ce nouveau contexte. Après un temps de réflexion, il accepte de s'engager dans le coaching qu'on lui propose pour prendre du recul et faire le point sur sa situation.

En même temps que Patrick se demande ce qu'il pourrait faire de plus, le coach se demande ce qu'il pourrait faire de différent, par exemple suivre un parcours de formation au management, ce qui serait pour cet autodidacte une ouverture vers une autre façon de manager.

Ce qui émerge finalement est d'une autre nature. C'est en se rapprochant de deux jeunes collègues du comité de direction, avec lesquels il entretenait jusque-là des relations méfiantes et distantes, que Patrick s'inspire

▶

> progressivement de leurs styles de management, plus « délégatifs » que le sien. Il identifie, parmi ses propres collaborateurs, des relais pour prendre en charge les missions techniques qu'il continuait d'assumer. Désormais, alors qu'il était presque uniquement centré sur la relation avec ses collaborateurs, il peut se consacrer aux relations avec ses pairs, sur un plan horizontal, et avec son supérieur hiérarchique, sur un axe vertical.
>
> Les évolutions constatées au cours de ce travail ne ressemblent à rien de ce que Patrick et le coach avaient pu imaginer au départ de cet accompagnement. L'espace ouvert par le coaching et leurs échanges ont permis peu à peu à de nouvelles options d'apparaître, très différentes des représentations initiales de l'un et de l'autre.

L'ombre du coach

Intéressons-nous maintenant au revers de la vocation, à l'ombre* du coach dominée par un complexe de puissance*, c'est-à-dire dont la motivation essentielle est de prouver sa valeur et même sa supériorité sur ceux qu'il accompagne. C'est évidemment un point central dans l'hygiène du coach. Il se doit d'être attentif à l'ombre qu'il projette sur ceux qui l'entourent et avec lesquels il travaille. Aucun coach, si bien intentionné soit-il, ne peut faire l'économie d'un travail sur son agressivité inconsciente, sur le négatif et la destructivité à l'œuvre dans toutes les interactions humaines. On peut même faire l'hypothèse que plus le coach est bien intentionné, plus cet aspect doit être débusqué, ce qui n'est pas toujours très agréable pour l'intéressé : il se découvre finalement moins bienveillant qu'il l'imaginait.

Parmi les ancêtres des coachs, nous avons rencontré la figure du conseiller du prince, doté d'un pouvoir occulte ou supposé le posséder. L'imagerie du coaching génère parfois ce type de représentations* qui ont plus à voir avec l'ombre du coach, son désir inconscient de puissance qu'avec la réalité de ce métier. Néanmoins, tous les praticiens de l'accompagnement gagneront à s'interroger honnêtement sur leur désir d'influencer des clients, voire d'exercer une certaine emprise sur eux, en même temps que sur leur désir d'être reconnus.

Dans toutes les professions de l'accompagnement, les risques de dérapage sont constants, même si Marie-Louise von Franz note, avec l'humour qui la caractérise, à propos des thérapeutes (nous pourrions dire des coachs) affublés du complexe de puissance*, « qu'ils se font le plus souvent malmener par des clients assoiffés de puissance autant qu'eux ou bien qu'ils se retrouvent à la tête d'un exaspérant jardin d'enfants qui les importunera d'intarissables exigences[1] ».

En supervision, les coachs évoquent parfois cette tentation d'utiliser leur position pour se conforter en permanence dans leurs certitudes et détourner ainsi l'énergie du coaché à leur profit. Cette ombre*, le plus souvent, on ne la voit pas, et pour cause, elle est dans l'ombre, dans l'angle mort. N'imaginons pas aller au-delà et supprimer l'ombre*. Nous sommes toujours porteurs d'une ombre. La seule question à se poser est donc de savoir sur quoi elle porte, ce qu'elle nous dissimule à nous-mêmes.

Comme nous l'avons déjà vu dans la description des principaux concepts jungiens, l'ombre* est une sorte de négatif du moi*. Elle contient tout ce que le moi ne veut pas ou ne peut pas intégrer ou admettre. Elle est aussi à l'exact opposé de la persona*. Imaginons une personne qui se targue en permanence d'avoir une intégrité ou une éthique irréprochables et qui est toujours prompte à repérer le moindre manquement chez le voisin. Il y a fort à parier que ces questions la travaillent de très près et que, si elle met autant d'énergie à clamer son innocence, c'est que la tentation de transgresser n'est pas loin. Son prosélytisme gagnerait à s'assouplir quelque peu. Ainsi, elle pourrait accueillir un peu d'ombre, qui l'humaniserait et finalement lui permettrait de se situer au même niveau que la plupart de ses collègues, c'est-à-dire dans une posture de *recherche* d'intégrité et d'éthique, avec tous les doutes et les incertitudes propres aux praticiens de l'accompagnement sur ces questions.

C'est, entre autres, l'hygiène de la supervision ou de l'intervision (groupe de pairs ou d'échanges de pratiques) qui permet de débusquer l'ombre et de s'y confronter. Les proches et les collègues sont

---

1. Marie-Louise von Franz, *op. cit.*

très utiles pour aider à la repérer ! La deuxième partie du chapitre suivant sera consacrée à la question de la supervision, nous aurons donc l'occasion d'y revenir.

Sur l'ombre*, laissons le mot de la fin à Marie-Louise von Franz : « J'ai souvent remarqué que, dans ce travail difficile, une mauvaise humeur rampante ou même un certain mépris des hommes peut se faire sentir. Seul le travail sans cesse renouvelé sur ses propres tâches créatrices intérieures peut pallier ces effets négatifs d'usure. Il ne suffit pas d'avoir ressenti la vocation à un certain moment. La légitimité de l'exercice de cette profession doit continuellement se reconquérir dans le for intérieur de celui qui prétend s'y consacrer[1]. »

Être attentif au processus de développement des quatre fonctions psychologiques* telles que Jung les décrit – les fonctions de perception que sont la sensation et l'intuition et les fonctions de prise de décision que sont la pensée et le sentiment – permet au praticien de rester en permanence en éveil : quelles sont ses préférences initiales et comment les a-t-il développées ? Quelles sont ses zones d'inconfort et en quoi la mission sur laquelle il est en train de travailler les active-t-elle ? Le praticien devient alors sujet de son action, à la fois centré, en relation avec son client et en mesure de faire appel à des techniques diversifiées sans s'y perdre.

Pour conclure, soulignons qu'il faut souvent du temps et de la patience pour développer une activité dans le champ de l'accompagnement professionnel. Quatre critères – au moins – sont indispensables pour s'aventurer dans cette voie :

- une solide formation (au coaching ou à la relation d'accompagnement),
- un parcours thérapeutique personnel approfondi,
- une véritable connaissance des organisations,
- enfin, un engagement dans une supervision.

Ces quatre critères sont, et ce n'est pas un hasard, les prérequis de l'accréditation telle qu'elle a été instaurée ces dernières années par les

---

1. *Ibid.*

sociétés professionnelles pour reconnaître leurs futurs membres (Société française de coaching[1], International Coaching Federation France[2], Association européenne de coaching[3]). Bien sûr, ces prérequis sont nécessaires mais insuffisants, et l'expérience du coaching est un aspect clé des processus d'accréditation. Un niveau d'accréditation de professionnel confirmé requiert un niveau d'expérience correspondant. Expérience quantitative, expérience qualitative, façon d'en rendre compte, impact de cette expérience sur l'évolution personnelle : toutes ces dimensions sont explorées lors d'un processus d'accréditation.

L'appartenance à une société professionnelle est aussi une dimension importante. Elle suppose d'accepter de se confronter à des pairs, d'expliquer son parcours et ses pratiques. Le coaching est un métier solitaire ; le coach nécessite d'autant plus d'être relié à d'autres praticiens, des collègues parfois plus chevronnés, à qui il aura à rendre des comptes sur sa déontologie et sa pratique, avec lesquels il va continuer à se poser des questions, à apprendre et à partager.

Il s'agit d'autant plus de se relier à une communauté de métier que l'implication dans cette communauté active une mise en axes de l'expérience vécue par le praticien.

Dans l'axe vertical, qui est celui des relations avec le ou les formateurs, les référentiels théoriques, les outils utilisés et le superviseur, il y a un risque d'idéalisation*. Cela donne des comportements desquels l'infantile n'est pas loin. Certains propos viennent confirmer cette tendance. L'on entend alors fréquemment : « J'ai été formé par des gens extraordinaires, qui m'ont apporté énormément. Mes référentiels théoriques et mes outils sont de grande qualité et j'exerce un métier formidable, qui me permet d'aider les autres à devenir aussi des gens bien. » C'est à peine une caricature…

L'axe horizontal est celui des pairs, des collègues. Il se vit dans la participation à des sociétés professionnelles et des groupes de pairs.

---

1. Société française de coaching, www.sfcoach.org
2. International Coaching Federation France, www.coachfederation.fr
3. EMCC France. L'Association européenne de coaching, www.emccfrance.org

Dans ces milieux, on retrouve les champs de bataille que sont les relations fraternelles, avec des éléments de rivalité, d'envie et de jalousie, voire de haine fratricide, mais aussi d'entraide, de solidarité et d'amitié. Le négatif s'y déploie en même temps que le positif, et oblige le praticien à une confrontation avec son ombre* et celle du collectif dans lequel il évolue.

C'est probablement une des raisons pour lesquelles les conflits dans les sociétés professionnelles (par exemple, les sociétés psychanalytiques) sont d'une grande férocité. Il est nécessaire que le négatif se vive pour faire contrepoids aux risques d'idéalisation* latents dans les métiers de l'accompagnement. Vis-à-vis de son client, le coach est dans l'écoute, l'empathie, la compréhension. Il est plutôt dans une position de creux et de disponibilité aux besoins de l'autre. La société professionnelle est donc là aussi pour lui rappeler sa propre agressivité, ses mouvements destructeurs et son envie. Il devient alors un être plus complet, capable de tenir ensemble les pôles du positif et du négatif.

Chapitre 3

Créativité du coach et supervision

La créativité du coach

La créativité est un élément essentiel de l'hygiène du coach. Elle fait partie intégrante des ressources avec lesquelles il est censé travailler. Ne pas créer les conditions propices à l'émergence de cette créativité peut rapidement se traduire par un assèchement personnel mais aussi une incapacité à entrer véritablement en relation avec le client, dont la demande est souvent en lien avec la possibilité de retrouver sa propre créativité.

Comme nous l'avons vu, les coachs, comme tous les professionnels de l'accompagnement, s'inscrivent symboliquement dans la tradition ancienne des passeurs, dont les premiers représentants ont été les chamans. Ces passeurs sont des femmes ou des hommes instruits et habiles, qui ont reçu une certaine formation, voire une initiation, comme c'est le cas dans les sociétés traditionnelles. Cette expérience de formation ou d'initiation leur a fait vivre une expérience perturbante sur le plan psychologique, qu'il leur a fallu surmonter. Ils jouent un rôle important au sein de leur communauté. Leur entourage projette sur eux l'archétype* du sauveur. Dans les groupes humains où ils œuvrent, ce sont également les poètes, les peintres et les chantres de leur peuple.

Être créatif, cela veut dire être relié à l'enfant en soi, se mettre régulièrement en position de jeu ou d'apprentissage, et se décoller ainsi des projections* dont les accompagnants sont l'objet de la part de leurs clients. Ils sont identifiés à des « sachants » et souvent investis d'un pouvoir que, bien entendu, ils ne possèdent pas. Sauf que, parfois, à force de se l'entendre dire et répéter... ils peuvent finir par y croire, surtout s'ils n'ont pas fait un travail personnel en profondeur qui leur a fait perdre leurs illusions sur eux-mêmes et trouver un socle autrement plus solide, mais aussi beaucoup moins haut. C'est à ce moment-là que se produisent les dérapages.

Pratiquer l'humour, faire les choses sérieusement sans trop se prendre au sérieux, faire preuve même d'une certaine autodérision sont les aspects fondamentaux d'une saine relation avec soi-même. Ce sont également des moyens pour ne pas se fondre dans l'archétype* du gourou ou être pris en permanence dans son ombre*.

Être créatif, cela veut dire aussi faire preuve de disponibilité à l'expérience, à l'inconnu de sa vie intérieure et aux mouvements subtils qui l'agitent et la traversent, aux associations qui émergent, aux dynamiques prospectives qui se dégagent et permettent de se sentir dans le moment, dans le temps, en lien avec les autres. C'est être relié à soi-même pour être en lien avec les autres – ce que le sinologue François Jullien appelle « nourrir sa vie[1] » dans une intime relation des plans physique, psychique, intérieur et extérieur.

L'esprit du temps

Être créatif, c'est également être relié au fond culturel du collectif dans lequel on évolue. Cinéma, lecture, expositions, spectacles vivants, autant d'occasions de se connecter à l'esprit du temps, aux mouvements qui nourrissent, travaillent et relancent les dynamiques individuelles et collectives. Ces différentes formes d'expression permettent aussi d'entrer en relation avec son client de façon personnelle et originale.

---

1. François Jullien, *Nourrir sa vie. À l'écart du bonheur*, Seuil, 2005.

Si le coach n'est pas relié à cet esprit du temps, comment peut-il comprendre les préoccupations de ceux qu'il rencontre ? Comment peut-il proposer des pistes de réflexion, des relances aux problématiques qui lui sont soumises ? Comment peut-il faire des liens entre cette situation et d'autres situations, rencontrées dans la vie mais aussi à travers la création artistique en général ?

La question de la culture se pose là, dans son urgence et sa nécessité. Être relié à l'esprit de son temps, cela veut dire être dans cette ouverture aux mises en forme contemporaines des préoccupations de toujours, pour en saisir la spécificité et les enjeux particuliers. La littérature, la peinture ou l'expression musicale ne cessent de nous dire les préoccupations humaines fondamentales.

Le théâtre de William Shakespeare rend compte, bien mieux que n'importe quel ouvrage de management, de la fascination qu'exerce le pouvoir et des dangers qu'il comporte ; Honoré de Balzac a su mieux que quiconque décrire l'éternelle comédie humaine ; la peinture de Francis Bacon nous confronte à l'insupportable de l'angoisse, dans sa crudité la plus absolue. Ces quelques exemples donnent une idée de la dimension métaphorique des productions culturelles et de leur fonction nourricière pour le coach comme pour son client.

Josée et Cyrano de Bergerac

Prenons le cas de Josée, cette femme sur la défensive avec laquelle le contact s'établit difficilement. Elle vient d'accéder à une fonction managériale encore plus lourde que celles qu'elle a exercées précédemment. Tendue vers ses objectifs, habituée à travailler dur depuis toujours, elle attend que le coach lui fixe des objectifs précis. Elle ne voit pas bien l'intérêt de leurs échanges, qu'elle juge trop informels, où le coach l'encourage à parler d'elle. Issue d'un milieu modeste, elle n'a pas pour habitude de s'écouter... Le tandem a bien du mal à trouver une longueur d'onde commune jusqu'au jour où, voulant sortir un dossier de son sac pour montrer au coach la note de service qu'elle vient de rédiger et dont la vue fait déjà frémir ce dernier, elle fait tomber par mégarde un exemplaire de Cyrano de Bergerac à ses pieds !
Leur passion commune pour les alexandrins leur ouvre alors une tout autre voie de travail. Le personnage de Cyrano, amoureux de la langue et

> malheureux en amour, permet à Josée de retrouver son histoire de fille d'immigrés dont les parents ne parlaient pas bien le français et qui s'est évertuée toute sa vie à masquer ses origines par l'usage d'une langue parfaite, au prix du sacrifice de ses émotions.
> Cyrano de Bergerac, elle l'était un peu : brave et courageuse, parlant bien et haut, ne s'en laissant pas conter… mais, derrière le panache, il y avait bien d'autres choses. Cette rencontre ne les a pas éloignés du contrat de départ. Il s'agissait pour Josée d'assouplir son style de management, de créer des relations plus constructives avec ses pairs. Sans Cyrano de Bergerac, il n'est pas certain que ces questions auraient pu être travaillées en profondeur.

Les mythes fondateurs

Les artistes nous mettent aussi en contact avec les mythes fondamentaux en leur donnant les habits du temps présent ou à venir. Pour se nourrir de toutes ces richesses, il faut se donner du temps, faire de la place à l'inutile, aux rencontres fortuites et aux enchaînements de circonstances.

Dans le premier chapitre, consacré aux ancêtres des coachs, nous avons évoqué le voyage d'Ulysse et les ressources qu'il a utilisées pour traverser les épreuves. Les mythes sont des propositions de réponses, toujours vivantes, aux grandes questions qui se posent à chaque être humain, et les revisiter régulièrement permet de se régénérer. Les coachs, comme tous les accompagnants, ont besoin, plus que d'autres, de rester au contact de ces sources. De nombreux contes ou mythes proposent des récits d'accompagnement où des structures fondamentales, archétypiques, sont reprises et développées de façon particulière en fonction des enjeux propres à chaque héros.

Peu d'approches existent aujourd'hui pour établir un contact vivant avec les mythes, les symboles et les grandes questions auxquels les hommes sont confrontés depuis l'aube des temps. Mais celles qui existent proposent toujours un détour par la connaissance des productions artistiques et des grands mythes de l'humanité. À ce sujet, il est intéressant de relever la diversification de l'offre de formation ou de découverte proposée aux cadres, et particulièrement aux dirigeants, dans les organisations. La culture générale y tient une place de plus en plus importante, avec son ouverture à la philosophie, à la littérature et aux arts, considérés comme autant de métaphores des véritables enjeux rencontrés par ces dirigeants ou futurs dirigeants. Des philosophes, des artistes, des spécialistes de telle ou telle discipline sont invités à venir présenter leurs pratiques pour les partager et nourrir un public plus habitué à entendre parler de chiffres, de techniques, de stratégie ou de marketing.

Puiser dans ces registres, c'est évidemment se décentrer, c'est faire de la place à des dimensions insuffisamment valorisées dans les parcours de formation, c'est s'ouvrir à un espace métaphorique et symbolique, en sollicitant les registres conscients de la connaissance et de l'expérience humaine et les dimensions plus inconscientes de l'être, en s'adressant à sa sensibilité profonde. Chacun est ainsi invité à se relier au patrimoine commun de l'humanité pour vivre une expérience unique et la faire sienne.

Parmi ces approches, Mythe & Opéra, qui fait une large place aux mythes fondateurs, va nous permettre d'illustrer notre propos de façon concrète. Il s'agit d'une démarche vivante, mise en forme à travers des séminaires destinés à des coachs ou à des professionnels dans les organisations, qui « propose de faire vivre en musique le parcours d'un héros confronté à des épreuves fondamentales, d'interroger le sens de ces épreuves, d'en tirer un enseignement. Au contact des récits fondateurs, à l'écoute de sa sensibilité, attentif à la perception des autres, chacun est invité […] à exprimer une parole singulière et personnelle[1] », et à élaborer cette expérience.

L'animateur des séminaires Mythe & Opéra invite les professionnels de l'accompagnement à mettre en résonance leur pratique professionnelle avec des grandes figures de la mythologie, à partager avec d'autres participants perception et compréhension. Il s'agit pour les participants de renouveler leur propre intelligence de ces mythes

---

1. Mythe & Opéra, www.mytheetopera.fr, Stéphane Longeot.

fondateurs et des enjeux de l'accompagnement tels qu'ils nous les proposent.

À travers l'écoute d'une œuvre musicale, du récit que celle-ci met en musique et de ses différentes interprétations, le coach est invité à vivre une expérience à la fois sensorielle et intellectuelle, et à relier la symbolique du mythe aux problématiques qu'il rencontre dans sa pratique d'accompagnant.

Reprenons l'exemple d'Ulysse, cette fois dans l'opéra de Monteverdi, *Le Retour d'Ulysse dans sa patrie*, que les participants sont invités à découvrir et à écouter. Lorsque Ulysse arrive dans sa patrie, après dix ans de guerre de Troie et dix ans d'errance sur les mers, son île, Ithaque, est dévastée. Des prétendants occupent le palais, en dilapident toutes les richesses sous le regard impuissant de Télémaque, le fils qu'il a eu avec Pénélope et n'a pas vu grandir.

Ses prétendants somment la reine de choisir l'un d'entre eux pour époux. Par son tissage toujours repris, Pénélope a su arrêter le temps et garder ouvert l'espace correspondant à la place de son époux. Mais sa ruse a été découverte, Ithaque veut faire le deuil de son ancien roi et la succession s'impose.

Comment revenir auprès des siens après tant d'années d'absence ? Comment accueillir le retour de celui qui a tant manqué ? Toutes ces questions peuvent se poser, de façon très concrète, dans des accompagnements réalisés en entreprise, auprès d'expatriés par exemple. Pour Ulysse, il ne suffit pas de revenir. Il lui faut se faire reconnaître des siens, du fils qui n'a pas connu son père, des serviteurs qui ont subi les violences des prétendants, de l'épouse qui a vécu son absence pendant si longtemps. Comment accompagner toutes ces figures vers une reconnaissance mutuelle ?

La déesse Athéna, qui est restée aux côtés d'Ulysse tout au long de son voyage de retour, lui fait vivre des épreuves qui vont progressivement opérer un dévoilement de la situation extérieure et des sentiments, souvent inconscients, des personnages. L'accompagnement d'Athéna est subtil, complexe et exigeant. Il éclaire sur des enjeux conscients et inconscients, individuels et collectifs.

L'auteur joue de toutes les ressources des instruments et de la composition pour ouvrir l'auditeur à cette problématique. Précisons que cette expérience ne requiert aucune connaissance musicale particulière et qu'elle est même souvent l'occasion d'une première écoute d'un opéra. Ce qui est en jeu, c'est la capacité naturelle de chacun à ressentir, avec tous les sens, les différents niveaux d'une œuvre, d'un récit mythologique et de ses résonances symboliques.

Nous avons choisi ici l'exemple d'Athéna accompagnant Ulysse, mais les figures de Moïse conduisant son peuple vers la Terre promise dans *Israël en Égypte* de Haendel, ou de Sarastro initiant Tamino et Pamina aux mystères d'Isis et d'Osiris dans *La Flûte enchantée* de Mozart sont aussi très pertinentes.

Faire vivre sa créativité personnelle, s'exercer à une forme d'humour sur soi-même, être attentif à l'esprit du temps et se nourrir des grands mythes fondateurs, tous ces éléments façonnent et patinent la créativité du coach.

Le coach s'accompagne lui-même sur le chemin du coaching, il est essentiel qu'il ne l'oublie pas. Faire l'économie de cette prise de conscience remet en cause la démarche de coaching. Comment en effet parler de coaching s'il n'y a pas de coach ? Méditons un instant sur cette belle phrase de Lao Tseu : « La seule façon d'accomplir est d'être. »

La supervision

Nous allons aborder maintenant la question spécifique de la supervision et voir en quoi elle apporte au praticien une nourriture essentielle à son développement personnel et professionnel.

De même que l'accompagnement, la supervision est un exercice ancien, qui s'est développé à partir des parcours d'accompagnement « classiques », même si elle s'est véritablement structurée autour de la pratique psychanalytique et de la transmission des savoirs dans cette discipline.

Après avoir parcouru l'histoire récente des pratiques de supervision, nous nous intéresserons aux différentes modalités de supervision telles qu'elles sont pratiquées par les superviseurs de coachs et à ce qu'elles permettent de travailler en tant que coach.

Pour celles et ceux qui pratiquent l'accompagnement, la supervision est indispensable. Cette nécessité est en relation avec la question de l'ombre* du coach ou de son angle mort. Il ne s'agit pas de supprimer cet angle mort ou cette ombre. Comme nous l'avons déjà évoqué, nous sommes toujours porteurs d'une ombre, et la seule question à se poser est donc de savoir sur quoi elle porte, ce qu'elle nous dissimule à nous-mêmes, ce que l'angle mort occulte.

En même temps, la supervision renvoie directement à la question du tiers dans la relation d'accompagnement. Elle ouvre et maintient ouvert cet espace du tiers, incarné par la personne du superviseur et intériorisé par le coach.

Un peu d'étymologie

Commençons par un peu d'étymologie[1] : superviser est composé du préfixe latin *super*, « au-dessus », et de *videre*, « voir ». Le superviseur est donc celui qui voit la situation que lui décrit le coach de plus haut, de plus loin. Il repère ainsi des angles différents de ceux que le coach perçoit. Ces aspects sont ensuite travaillés dans l'espace de supervision.

La psychanalyse aux racines de la supervision

C'est à travers les travaux de Freud et de quelques-uns de ses illustres successeurs que sont apparues les préoccupations de supervision.

Très vite Freud se pose la question de la transmission de son savoir. Il forme autour de lui une garde rapprochée de jeunes praticiens (essentiellement des médecins mais pas exclusivement). Il indique la nécessité de s'assurer du conseil ou du contrôle d'un psychanalyste

---

1. Jean Dubois, Henri Mitterand, Albert Dauzat, *Dictionnaire étymologique et historique du français*, Larousse, 2001.

confirmé afin de pouvoir soi-même mener des cures dites thérapeutiques.

En 1925 fut rendue obligatoire l'analyse de contrôle*, en même temps que l'analyse didactique*, dans la totalité des sociétés psychanalytiques composantes de l'IPA (International Psychanalytic Association). La supervision est alors réglementée : le superviseur doit être clairement distinct de l'analyste, la supervision a lieu de façon hebdomadaire et dure au moins deux ans.

Le choix des intitulés n'est pas neutre. Le terme « contrôle » s'est imposé d'abord en allemand puis en français et en espagnol sous l'influence du psychiatre et psychanalyste Jacques Lacan, tandis que celui de « supervision » s'est imposé dans les pays anglophones et a progressivement remplacé le mot allemand.

Notons que le terme « contrôle » met l'accent sur l'idée de diriger et de dominer, alors que celui de « supervision » renvoie à une attitude non directive, inspirée des méthodes de la thérapie de groupe.

Aujourd'hui, la supervision peut se dérouler sous deux formes, non exclusives l'une de l'autre : la supervision individuelle et la supervision en petits groupes de cinq ou six personnes (jamais plus – faut-il y voir une trace de la pédagogie janséniste ?).

D'une façon générale, il ne s'agit pas d'imposer à l'analyste en formation ce qu'il doit faire ou dire, encore moins de le munir de préceptes théoriques ou de recettes techniques. La tâche du superviseur est beaucoup plus délicate puisqu'elle consiste à attirer l'attention du praticien en formation sur ses mouvements contre-transférentiels* à l'œuvre dans son travail, sans jamais transformer la supervision en séance d'analyse.

Donnons un exemple de ce qui peut se jouer dans une telle situation. Pourquoi, face à tel client, un praticien évoque-t-il en supervision sa grande difficulté de concentration ? Ce vécu est inhabituel chez lui et il se produit systématiquement lors des rencontres avec ce client. En quoi ce ressenti est-il une indication sur la difficulté qu'a son client à susciter chez son interlocuteur, dans la situation présente mais peut-être aussi plus largement, une mobilisation et un intérêt ? En quoi ce ressenti est-il un élément d'information sur une problématique particulière du praticien, face à certaines personnalités qu'il a peur de rencontrer véritablement, ce qui se traduit par une difficulté de concentration ? C'est le travail de la supervision qui permettra de démêler ces différents fils.

Freud centre son propos dès la parution de son texte fondateur, *L'Interprétation des rêves*[1], autour de la personne du médecin. Lui-même pratiquera une auto-analyse poussée à son paroxysme parallèlement à une relation épistolaire soutenue avec son ami Wilhelm Fliess. (Toutefois, c'est Jung, son jeune dauphin à l'époque, qui avait insisté pour que les analystes soient analysés.) La formation passe donc clairement par un travail sur soi comme préalable. Si Freud et Jung en sont restés à l'auto-analyse (Jung soumettant à Freud quelques-unes de ses préoccupations les plus pressantes pendant un temps), les psychanalystes de la première génération, après les fondateurs, ont donc été analysés.

Il faut relever que ces analyses avaient parfois lieu dans des conditions qui nous sembleraient inacceptables aujourd'hui. Le père analyse la fille, l'amant analyse la maîtresse, le collègue analyse le collègue, etc. Or, nous savons qu'il faut une certaine distance pour conserver des conditions d'asepsie, c'est-à-dire pour permettre à cette intervention délicate de bien se passer.

Cet aspect reste très important, et il n'est pas certain que ces conditions soient toujours préservées dans le monde du coaching. Plusieurs questions peuvent en effet être posées :

- Doit-on être supervisé par la personne qui nous a formé ?
- Doit-on partager un superviseur avec un collègue proche ?
- Peut-on être supervisé par une personne que l'on rencontre dans d'autres lieux ?
- Doit-on être supervisé par un intervenant plus expérimenté à qui on demande, dans le même temps, d'effectuer une intervention chez son client ?

---

1. Sigmund Freud, *L'Interprétation des rêves*, PUF, 1999.

Des propositions de réponses à ces questions seront faites au fur et à mesure de ce chapitre.

Revenons à Freud, qui met donc en avant :
- la nécessité d'un long travail personnel d'auto-analyse et d'analyse ;
- l'impératif de la supervision ou du contrôle par un collègue plus expérimenté permettant le suivi, d'une part, de la manière dont travaille le jeune analyste et, d'autre part, de son contre-transfert*.

En d'autres termes, il s'agit de travailler sur les pratiques de l'analyste et sur sa personne. Nous voici bien au cœur de la supervision telle qu'elle peut être pratiquée en coaching.

La supervision de groupe

Né en 1896, Michael Balint est un médecin d'origine hongroise. Il a été analysé par Sandor Ferenczi, lui-même analysé par Freud. Balint émigre en Angleterre en 1939, où il est l'instigateur, dans les années 1950, de la création de groupes hebdomadaires réunissant une douzaine de médecins sous l'égide d'un psychanalyste pour parler de la relation médecin/malade.

Dans cette approche, très originale à l'époque, il s'agit de permettre aux praticiens d'analyser les implications affectives et émotionnelles à l'œuvre dans leur travail avec les patients et de rechercher de quelles ressources personnelles et professionnelles ils disposent pour s'en occuper.

Balint situe bien sûr la personne du médecin au cœur du processus de guérison du malade. Il l'engage à une remise en cause de son écoute, de ses représentations* et de la nature de son lien avec le patient.

Ce dispositif s'est ensuite répandu en Europe. Il a marqué le début des pratiques de supervision collective et suscité la création de groupes de supervision dans d'autres disciplines que la médecine. Les groupes de supervision de coaching sont donc largement inspirés des groupes Balint.

La supervision : un critère de professionnalisme

Les instances qui cherchent à donner au métier de coach un cadre, une déontologie et un référentiel, c'est-à-dire les sociétés professionnelles sérieuses, demandent à leurs membres accrédités de bénéficier d'un lieu de supervision de leurs pratiques professionnelles. Donc, pour être reconnu par ses pairs et se prévaloir du label d'une de ces sociétés professionnelles auprès de ses clients, il faut être engagé dans une supervision.

Les entreprises clientes elles-mêmes se montrent de plus en plus exigeantes sur la question. Il n'est pas rare, dans les appels d'offres, que les coachs soient invités à décrire leur parcours de formation, les expériences dont ils peuvent témoigner, les approches ou les outils qu'ils utilisent, et qu'ils doivent justifier d'une supervision.

Il est intéressant de constater que ces entreprises clientes ont très vite intégré les critères de professionnalisme, alors que certains coachs ne comprennent toujours pas la nécessité de faire un travail sur soi et d'être supervisés !

Supervision obligatoire pour être accrédité par une société professionnelle, supervision souhaitée par les entreprises... au fait, de quelle supervision parle-t-on ?

Les fondamentaux de la supervision

Qu'est-ce que la supervision ?

Comme l'accompagnement de type coaching, la supervision est une rencontre entre deux personnes, qui vont définir ensemble un espace de travail et de co-élaboration*. Dans ce contexte le coach affine progressivement ses modalités d'intervention et accorde au plus juste l'instrument avec lequel il œuvre, c'est-à-dire lui-même. La supervision lui permet de réfléchir et de prendre de la distance par rapport à sa pratique. Il gagne ainsi progressivement en sécurité personnelle et professionnelle face aux différentes situations auxquelles il est confronté. Il apprend à tirer parti de l'expérience et à mieux utiliser ses ressources et ses outils.

Le superviseur est lui-même un professionnel de l'accompagnement. Par son questionnement, il permet au coach d'évoquer les difficultés qu'il rencontre, les situations inhabituelles auxquelles il est confronté et les angles morts de sa pratique. Il revient sur ce qui a semblé tout à fait évident, permet de creuser un sujet, de relancer un questionnement, de découvrir des réponses inattendues à des questions qu'on ne s'était pas posées…

Dans le cadre de la supervision, il devient possible pour le coach de penser sa pratique, de se questionner sur celle-ci, de la remettre en cause, de l'enrichir de lectures et d'apports extérieurs de toutes sortes, de confronter tous ces matériaux en supervision. Celle-ci devient l'occasion de gagner en densité, en maturité et en sagesse.

Les différentes formes de supervision

Deux grandes familles de supervision sont souvent évoquées :

- les supervisions centrées sur les pratiques, les techniques, l'opérationnalité du coach ;
- les supervisions centrées sur la personne du coach et la relation qu'il entretient avec ses coachés, dans le cadre du transfert* et du contre-transfert*.

Bien sûr, un même superviseur peut encourager le praticien qu'il supervise à aborder ces deux registres, mais, en général, il a un pied d'appel, une porte d'entrée qui peut rester un axe unique de travail.

Dans le cas des supervisions centrées sur les pratiques, les techniques et l'opérationnalité du coach, il est fréquent de retrouver le couple ex-formateur devenu superviseur et ex-élève devenu coach. Ils sont de nouveau réunis autour de la pratique du coach et de la mise en œuvre de l'enseignement reçu lors de la formation initiale. Cette modalité de travail peut se révéler utile, surtout pour les coachs débutants qui ont besoin de consolider leurs acquis et de trouver une légitimité dans leur métier, à travers l'accord tacite donné par leur superviseur. Le risque, en s'installant dans cette alliance, est de prolonger une relation de dépendance et de rester dans une grille de lecture unique de situations par nature complexes.

Les supervisions centrées sur la personne du coach et la relation qu'il entretient avec le coaché dans le cadre du transfert*/contre-transfert* sont plus proches de celles proposées aux thérapeutes. Le coach considère qu'il est son outil de travail et il trouve donc « normal » de travailler sur lui pour se perfectionner dans l'exercice de son métier.

Tous les aspects de son travail peuvent alors faire l'objet de l'attention croisée du coach et de son superviseur : la tenue du cadre (le lieu, la durée et le paiement de la séance ainsi que la nature des matériaux travaillés), l'utilisation spécifique d'une approche ou d'un outil, les mouvements contre-transférentiels* vis-à-vis de tel client, la fatigue ressentie dans un contexte particulier, une problématique d'accompagnement complexe. La liste des sujets abordés alors n'est jamais exhaustive. Cette modalité de supervision est très riche et permet d'effectuer un travail en profondeur sur l'ensemble des dimensions à l'œuvre dans un processus d'accompagnement.

Travailler sur les cas

C'est souvent à partir d'événements très simples, qui peuvent paraître sans importance, que se posent les vraies questions d'une pratique : une difficulté récurrente à conduire les séances dans le temps imparti, un agacement inhabituel face à la réaction d'un client, un ennui profond face à un autre... Encore faut-il avoir quelqu'un à qui en parler, un autre en face de soi qui permette de prendre conscience de répétitions, de représentations*.

Élodie ou l'impossible gestion du temps

Élodie a exercé un métier de consultante dans un centre de bilans de compétences où les prestations étaient très « normées » et les emplois du temps des consultants particulièrement lourds, sans possibilité de « souffler ». Élodie cherche à trouver un meilleur équilibre de travail. Après une formation spécifique, elle décide de réorienter son activité vers le coaching.

À l'occasion d'un accompagnement délicat, Élodie réalise qu'elle a de nouveau des difficultés à gérer son temps et surtout à tenir les délais impartis à la séance. Alors que celle-ci a contractuellement été prévue pour durer une heure trente, Élodie a du mal à arrêter son client, qui

▶

> s'épanche tout particulièrement à la fin de la rencontre, ce qui rallonge systématiquement les séances d'au moins vingt minutes. De retard en retard, Élodie ne trouve plus la possibilité de faire les pauses qu'elle avait prévu de s'octroyer entre chaque rendez-vous. Elle est fatiguée, a l'impression de se laisser embarquer par son client, de ne plus maîtriser la situation et, surtout, elle lui en veut de lui imposer un rythme qui n'était pas celui décidé au départ. Sa tension et son agressivité montent.
>
> Dans le travail de supervision, Élodie prend conscience que se rejoue sa difficulté à poser les limites et à respecter le cadre avec un client dont c'est aussi la problématique, puisqu'il est venu la voir en se donnant l'objectif d'apprendre à mieux gérer son temps ! D'ailleurs, Élodie évoque ce problème spécifique peu de temps avant la fin de sa séance de supervision, ce qui amène le superviseur à lui indiquer que, la séance touchant à sa fin, cette question sera abordée la prochaine fois. Élodie réagit vivement : « Ce problème est important pour moi… Ne peut-on pas prendre au moins cinq minutes pour en parler ? » Évidemment, la réponse est non. Étonnement, déception, frustration et finalement éclat de rire, elle a compris la leçon… !
>
> Faire en sorte que le temps imparti à la séance soit respecté, c'est un des aspects de tenue du cadre dont le coach est responsable. La difficulté d'Élodie n'était pas sans rapport avec ses propres difficultés à poser les limites, à dire non, motivées par sa crainte de susciter l'incompréhension ou l'agressivité de son client, en lien direct avec son désir d'être reconnue et aimée par l'autre. Il est intéressant de relever que la demande de son client faisait écho à ses propres difficultés. Dans la relation transférentielle avec son superviseur, Élodie met en scène sa problématique. Elle place son superviseur dans la même situation que celle où elle se trouve avec son client, c'est-à-dire dans la nécessité de gérer le cadre et la limite. Cet exemple illustre à quel point c'est souvent par son travail personnel que le coach peut permettre à son client d'avancer.

Présenter un cas ou une situation de coaching, la mettre en mots, qu'on l'ait préparée ou pas, en vue d'une séance de supervision, s'entendre utiliser certaines formulations, privilégier certains aspects du récit, être surpris par sa propre parole sont des expériences essentielles et qui transforment le coach. Repérer d'une séance à l'autre ce qu'on a tendance à dire en premier, ou parfois à garder sous silence, entendre le superviseur répéter un lapsus… tous ces vécus permettent au coach de se rencontrer dans sa pratique réfléchie par l'écoute, le silence, la parole, le regard et la présence du superviseur.

Il s'agit bien de faire de chaque cas, rapporté par le coach et travaillé en séance de supervision, un enseignement dans lequel il sera possible de puiser pour l'expérience future.

La pratique du doute et de la remise en cause

La supervision permet aussi de ne rien considérer comme acquis, sûr ou définitif, et d'éclairer en permanence la zone obscure du contre-transfert* dans les accompagnements réalisés, ce qui revient à semer un certain trouble, voire un certain désordre. De ce désordre peut naître un déséquilibre qui fait vaciller sur ses bases et oblige à un perpétuel mouvement afin de retrouver brièvement un nouvel équilibre. Cela s'applique au coach en supervision comme à son superviseur.

Le coach peut alors réaliser à quel point il est sollicité par le coaché sur son histoire personnelle et sa sensibilité profonde. Lorsqu'il comprend pourquoi telle situation suscite chez lui de la colère ou de la peur, le plonge dans une profonde apathie ou lui donne un sentiment d'impuissance, le coach prend conscience d'être non seulement concerné par ce qui se passe, mais transformé au fur et à mesure de sa pratique.

Pouvoir s'interroger, questionner, remettre en cause, faire de la place au doute et à l'incertitude sans pour autant perdre sa sécurité ontologique*, c'est aussi l'un des fruits de la supervision.

Coach et superviseur : un même référentiel théorique ?

Comme nous l'avons vu précédemment, les coachs débutants font volontiers appel à un enseignant proche de leur cursus de formation pour qu'il devienne leur superviseur. Est-il souhaitable que ce type de relation se prolonge ? Il y a en effet le risque de parler à deux une langue trop commune, de tomber dans les mêmes pièges et de ne pas faire un vrai travail de remise en cause, sans parler du lien très particulier qui peut unir un maître et un élève et qu'il paraît souhaitable de dénouer après la formation pour ne pas les reproduire dans la supervision. Le philosophe Nietzsche ne disait-il pas que « c'est faire injure au maître que de rester son élève » ?

C'est pour ces raisons qu'il est souhaitable que le coach puisse faire appel à un superviseur ne se situant pas forcément dans le même champ épistémologique et technique que le sien.

Confiance et amitié

En revanche, il est important qu'une relation de confiance puisse s'établir entre les deux partenaires ainsi qu'un fort désir de penser ensemble. Le coach peut légitimement attendre de son superviseur de pouvoir en sa présence évoquer librement, sans crainte d'être jugé, une difficulté ou un « raté » de l'accompagnement, se sentir soutenu, épaulé, à des moments délicats de l'exercice de son métier. Cela ne veut pas dire pour autant que le superviseur jouera le rôle d'un miroir aux alouettes, toujours dans l'acquiescement et le renforcement positif. Là aussi la confiance et le respect mutuels doivent permettre de vivre ensemble des moments de remises en cause ou de critiques.

Dans le premier chapitre, consacré aux ancêtres des coachs, nous avons évoqué l'amitié en tant que composante essentielle de l'école épicurienne. Comme le signale le spécialiste en philosophie antique Pierre Hadot[1], une des principales activités de cette école consistait dans un dialogue correcteur et formateur. L'amitié autorise la liberté de parole entre le maître et le disciple, et entre les disciples, l'expression de sentiments authentiques, sans volonté de séduction, de flatterie ou d'emprise, ce qui suppose une vraie reconnaissance de l'autre.

L'amitié est la composante d'un lien riche de créativité partagée, dont le philosophe Spinoza disait : « En dehors de l'homme, nous ne connaissons dans la nature aucune chose singulière dont l'esprit nous procurerait de la joie et à laquelle nous pourrions nous lier par l'amitié[2]. » Cette joie dont parle Spinoza nous renvoie au désir, y

---

1. Pierre Hadot, *op. cit.*
2. Baruch Spinoza, *Éthique*, Seuil, 1999.

compris au désir de penser ensemble qu'évoque le psychanalyste d'origine brésilienne Heitor O'Dwyer de Macedo dans son dernier ouvrage[1].

La dimension de la confiance et de l'amitié doit exister dans toute relation didactique où il n'est pas question de l'expression d'une pensée à sens unique, du superviseur vers le coach par exemple. Ce qui est en jeu, c'est une élaboration* partagée, où sont présents la joie et le désir de penser ensemble. Alors l'exigence réciproque peut être possible sans qu'elle brime ou brise l'un des deux partenaires.

Rythme et continuité de la supervision

Si la supervision est une dimension indispensable et continue pour celui qui exerce le coaching, il est possible de changer régulièrement de superviseur, afin de ne pas s'installer à deux dans un confort de points de vue partagés. Il faut pouvoir s'engager dans une supervision de façon régulière, c'est-à-dire une ou deux fois par mois, et s'interroger sur la nécessité de changer éventuellement de superviseur tous les trois ou quatre ans.

Il convient de différencier la supervision d'une aide ponctuelle que l'on peut être amené à demander à un superviseur ou à un collègue plus expérimenté sur un cas particulier. La supervision est un espace de travail extérieur, qui se vit dans le cadre de séances régulières chez le superviseur, mais c'est aussi un espace intérieur, ouvert en permanence, qui donne la possibilité d'en référer à un tiers.

L'attitude qui consisterait à ne solliciter un superviseur qu'en cas de problème particulier ferait de la supervision un outil consommable à la demande. Cette aide ponctuelle serait l'un des instruments à la disposition du coach et non une dimension intégrée de son hygiène.

---

1. Heitor O'Dwyer de Macedo, *Lettres à une jeune psychanalyste*, Stock, 2008.

Supervision individuelle et supervision collective

Tous les aspects que nous venons d'évoquer prennent encore une autre résonance dans le travail en supervision de groupe, complémentaire de la supervision individuelle et indispensable à un moment du parcours de formation du coach. La supervision de groupe permet de conjuguer différents exercices : s'entendre et entendre les autres, s'interroger sur soi et sur les autres, se questionner et questionner les autres, établir des points de comparaison, apprendre à faire la part des choses, à relativiser.

La supervision collective permet aussi de structurer son identité de professionnel dans le cadre d'une communauté de praticiens.

Supervision et hygiène

Se questionner, s'impliquer et être attentif à son hygiène de vie concerne aussi la gestion du temps et du stress. Trop souvent, les professionnels de l'accompagnement s'engagent avec enthousiasme dans leur activité et saisissent toutes les occasions de travailler, sacrifiant le temps consacré à la réflexion. Ces praticiens se laissent « divertir » au sens pascalien du terme. L'une des fonctions de la supervision est de procurer ce temps de rupture, dans un lieu calme, où la concentration et le silence donneront forme au trop-plein des vies et des agendas.

Le lieu de la supervision est un espace et un temps pour soi, où le travail de réflexion se fait sans enjeux de rivalité ou de positionnement par rapport à des collègues. C'est pour cette raison qu'il est préférable de ne pas partager un superviseur avec un collègue proche. De même, avoir pour superviseur une personne que l'on rencontre régulièrement dans le champ de ses activités professionnelles n'est pas forcément la situation la plus confortable. Pas plus qu'il n'est recommandé de faire intervenir son superviseur dans les organisations où l'on travaille. Le mélange des genres et des espaces, sur ces sujets, est rarement fructueux et conduit bien souvent à des confusions dommageables pour le coach en supervision et les clients dont il s'occupe.

Henri ou la blessure qui soigne

Henri est l'exemple même de l'homme blessé, engagé dans un long parcours professionnel où il s'est toujours consacré aux autres. Enseignant auprès de publics en insertion, travailleur social puis coach, Henri s'intéresse profondément à ses congénères et à leurs difficultés. Bien entendu, il a aussi un long parcours thérapeutique derrière lui et connaît l'origine de cette attention portée à autrui. L'histoire de sa famille est prise dans les drames de la grande histoire et jalonnée de violences subies, de migrations obligées et d'humiliations sociales et économiques. Henri a réparé ce qu'il a pu, pour lui et pour les siens, en allant puiser au plus profond de ses ressources énergétiques, et la maladie est venue à plusieurs reprises lui rappeler la nécessité d'être attentif à soi-même.

La tendance d'Henri est de trop en faire. Il le sait mais c'est plus fort que lui. Il vit toute situation d'accompagnement comme un engagement total de lui-même. Les résultats sont là, mais au prix de son épuisement psychique et physique. Ses clients lui en demandent toujours plus et il accepte des missions beaucoup trop lourdes pour lui.

Un jour, son superviseur lui dit à quel point il est « vidé » après leurs séances de travail. Henri vient de lui raconter une mission digne des travaux d'Hercule dont il est à nouveau le héros. Cette intervention permet à Henri de prendre conscience qu'il est allé trop loin ! Il lui faut ensuite du temps pour trouver la bonne distance – ni trop près ni trop loin – pour mener ses interventions.

Henri dit un jour : « Je ne travaille jamais aussi bien que lorsque je suis sur mes failles ou mes blessures. Cela fait de ce métier un métier fatigant, tourmentant même. C'est vrai qu'il faut veiller à garder toutes ses ressources et se nourrir dans sa vie pour tenir le coup. » Henri sait qu'il s'agit de maintenir un équilibre, fragile mais nécessaire, sous peine de se mettre en danger.

Dans son dernier ouvrage[1], Heitor O'Dwyer de Macedo évoque sa relation avec son superviseur, Gisela Pankov. Un jour que celle-ci le trouve particulièrement fatigué, elle lui enjoint de ne pas venir à sa prochaine séance de supervision et de prendre des vacances dans les jours qui suivent, sous peine de n'être plus en mesure d'accompagner ses patients. Elle lui propose de les prévenir, comme elle le fait avec

---

1. *Ibid.*

les siens : « La vache est fatiguée, elle a besoin de repos pour avoir plus de lait. »

Trouvant cette recommandation tout à fait fantaisiste, il n'en tient pas compte et poursuit son activité comme si de rien n'était. Alors qu'elle lui téléphone pour vérifier s'il est bien parti, Gisela Pankov découvre qu'elle n'a pas été écoutée. Non seulement elle lui demande de régler la séance de supervision à laquelle il n'est pas venu, mais aussi la prochaine où il ne viendra pas, car, alors, il sera en vacances. Elle insiste tellement qu'il finit par décommander tous ses rendez-vous et quitte la ville pour quelques jours de repos « au vert ». Et Heitor O'Dwyer de Macedo de conclure : « J'ai appris une leçon, le premier outil de mon travail, c'est moi. »

Supervision et travail sur soi

La supervision ne peut en aucun cas remplacer un travail sur soi et les superviseurs sérieux préfèrent recevoir des personnes engagées dans un travail personnel avec un thérapeute ou ayant un long parcours de ce type derrière elles.

Il ne faut en effet pas confondre le travail personnel et le travail de supervision, qui est un travail sur la relation qu'on établit avec les autres dans sa pratique professionnelle. Le risque, en s'engageant dans une supervision sans avoir fait ce travail personnel, est d'utiliser le lieu de la supervision à d'autres fins et de le détourner de sa vocation.

Comme nous l'avons vu dans le chapitre sur l'hygiène du coach, toute pratique d'accompagnement engage fortement le praticien dans sa dynamique personnelle. Les situations d'accompagnement vont ranimer certains des aspects de son histoire, des liens qu'il a tissés avec son entourage, des conflits non résolus dans lesquels il se débat encore. Ne pas élaborer ces questions dans un espace dédié, thérapeutique, c'est prendre le risque de les rejouer constamment sur la scène de ses relations avec ses clients.

Imaginons un coach dont le narcissisme blessé l'amène à rechercher en permanence l'assentiment et l'admiration des personnes qui l'entourent. Il y a de grandes chances, si cette question n'a pas été travaillée sérieusement au cours du travail thérapeutique, pour qu'il cherche à créer des situations analogues avec les personnes qu'il accompagne. Il voudra s'en faire aimer, apprécier, voire admirer, et l'essentiel de son investissement sera consacré à son propre avènement. Le résultat risque d'être désastreux pour ses clients, qui se retrouveront pris dans des liens de dépendance, de séduction, voire de manipulation, par un coach surtout soucieux de nourrir son narcissisme.

Prenons aussi le cas d'un coach n'ayant pas réglé ses comptes avec la relation difficile qu'il a vécue avec un père très autoritaire. Il a tendance à vivre toute figure d'autorité comme persécutrice et adopte, pour s'en protéger, un comportement rebelle. D'ailleurs, il est devenu coach parce que son père lui intimait l'ordre de devenir militaire. C'est sa façon à lui de remettre en question la position paternelle et de s'en dégager. Il y a fort à parier que ce coach aura tendance à projeter sur les personnes qu'il accompagne sa propre problématique. Toute situation hiérarchique tendue sera analysée à l'aune de ses propres difficultés et impasses, et il n'est pas certain que ses clients y trouveront leur compte.

Supervision et typologie

Pour reprendre la lecture typologique jungienne que nous avons initiée dans le chapitre précédent, le praticien portera une attention particulière aux différents registres qu'il a tendance à privilégier en fonction de son type psychologique.

Un praticien dont le sentiment est la fonction* dominante aura une grande aisance pour comprendre les préoccupations de la personne qu'il accompagne, à les faire siennes, au point d'avoir du mal à démêler ce qui lui revient de ce qui appartient à l'autre. Il lui sera donc moins facile de prendre du recul, de faire appel à une certaine objectivité, de « refroidir » certains affects pour les travailler sur un autre plan.

Un praticien dont l'intuition est la fonction* dominante sera très à l'aise pour stimuler son client dans les associations d'idées, explorer tous les possibles d'une situation, voir au-delà des évidences et sortir du cadre, mais il aura peut-être moins d'énergie à sa disposition pour éclairer les dimensions plus concrètes de la vie de son client, tenir compte des contraintes matérielles et donner de la valeur à chaque détail rencontré.

Un praticien dont la pensée est la fonction* dominante pourra tenir sans trop d'efforts une position d'observateur critique et verra d'emblée émerger les aspects logiques et objectifs d'une problématique. Ses analyses multicritères seront pertinentes et constructives. Il pourra toutefois se trouver plus en difficulté lorsqu'il s'agira de faire appel à ses propres sentiments pour comprendre « de l'intérieur » ce que ressent son interlocuteur, et il aura tendance à privilégier les principes plutôt que les valeurs.

Un praticien dont la sensation est la fonction* dominante attachera de l'importance à l'ici et maintenant, aux ressentis corporels et aux dimensions concrètes de la vie de son client. L'intensité de sa présence et son « bon sens » seront des indicateurs précieux dans le travail de repérage et d'identification des ressources du client. En revanche, le fait de se projeter dans l'inconnu, de prendre des risques ou de faire prendre des risques à son client, de rassembler des matériaux de nature très différente peut lui demander une dépense d'énergie considérable.

Ces quelques exemples illustrent la tension des opposés entre la fonction dominante et la fonction inférieure telle qu'elle se présente dans la dynamique des fonctions de la typologie jungienne. Mais nous aurions pu développer d'autres aspects, comme la tension dynamique entre la fonction auxiliaire et la fonction tertiaire[1].

La supervision évoquée dans ce chapitre est bien une supervision centrée sur la personne du coach, ses vécus contre-transférentiels, ce qui dans son histoire de vie l'a conduit à devenir coach et se trouve en permanence réactivé dans le coaching. Cela n'exclut pas de parler cadre, processus, techniques et outils ou d'évoquer des situations

---

1. Valérie Dorgueilh, Reine-Marie Halbout, *Les Types psychologiques sous l'angle de la dynamique des fonctions*, ECPA, 2006.

concrètes de coaching, mais cela se fait toujours dans leurs résonances transférentielles et contre-transférentielles.

De même que le travail personnel doit être approfondi, la supervision doit être régulière et se prolonger tout au long de l'activité du coach, ce qui n'exclut pas de changer de superviseur de temps à autre. Il faut donc de la régularité et de la continuité, et choisir de préférence un superviseur issu d'un champ différent de celui de la formation d'origine.

Il s'agit de créer un espace physique (rencontre et séance de travail avec le superviseur) et psychique (questionnement du coach sur sa pratique) qui permette de fabriquer du tiers chez le coach.

Avec la supervision, le coach n'est plus seul dans son travail, dans une relation duelle avec la personne ou l'équipe qu'il coache. En même temps qu'il travaille, ou dans l'après-coup, il pense à sa séance de supervision à venir et à la façon dont il va restituer à son superviseur les difficultés rencontrées ou tout simplement la situation. Émerge à cet instant un espace d'élaboration*, de réflexion et de construction : une identité.

Chapitre 4

Le travail invisible

À la fin du chapitre consacré à la question de la formation dans *Le Livre d'or du coaching*[1], ouvrage collectif sous la direction de Franck Bournois et de Thierry Chavel, auquel j'ai participé en 2013, je terminais mon propos sur une question délicate : celle de l'invisibilité du travail du coach. Mais comment décrire l'invisible ? Je l'évoquais comme un « tissage constant, délicat, ténu et essentiel qui est à l'œuvre tout au long d'une vie d'accompagnant. Il rassemble les fils de l'histoire de vie, du désir d'être coach et des différentes tranches de travail thérapeutique. Cette trame englobe aussi la formation initiale et continue, l'expérience accumulée d'année en année, d'accompagnement en accompagnement, et la supervision qui permet de l'élaborer. Elle intègre cette attention portée à soi-même, à sa propre vie, et à celle portée aux autres, le rapport à la culture, aux mythes fondateurs et aux dimensions symboliques qui ne cessent d'enrichir le travail de l'accompagnant – encore faut-il qu'il y soit sensible ». J'insistais sur le lien entre le travail invisible et le souffle de l'inspiration, la vie de l'esprit et la créativité. Ce sont ces différentes facettes que nous retrouverons ici tant il me paraît important de les évoquer.

Ces réflexions, nées de vingt années de pratique en tant que coach, psychanalyste et superviseur, sont nourries de toutes ces expériences

---

1. Sous la direction de Bournois F. et Chavel T., *Le Livre d'or du coaching. Nouvelles pratiques et perspectives*, « Coacher, ça s'apprend ? », R.-M., Halbout, Eyrolles, 2013.

d'accompagnement et des approfondissements qu'elles ont suscités en moi. Elles sont aussi le fruit des échanges passionnants avec les nombreux praticiens qui m'ont sollicitée en tant que superviseur ainsi qu'avec mes collègues dans ces différents champs. Elles témoignent aussi de mon évolution personnelle, depuis la première édition de ce livre en 2009.

Pour les illustrer, nous allons nous appuyer sur les grandes étapes de vie qui seront reprises dans le chapitre 5, *Déroulement d'un coaching et étapes de vie*. Nous les aborderons non plus à l'aune des enjeux que chacune de ces étapes pose au coach qui accompagne son client à des moments charnières de son existence, mais sous l'angle de l'évolution que vit l'accompagnant dans son propre parcours d'évolution personnel et professionnel.

Être un jeune coach

En tant que « jeune accompagnant », le coach qui débute sa vie professionnelle est confronté à de nombreuses difficultés. Nous avons développé l'idée que le désir de devenir coach s'inscrivait dans la recherche d'une nouvelle inspiration, du renouveau de la mi-vie et de ses préoccupations plus centrées sur l'être que sur l'avoir[1]. Les coachs, à l'orée de leur nouvelle activité, sont rarement de jeunes gens et le terme de « jeune accompagnant » est bien souvent en contradiction avec l'âge de l'intéressé. Les participants aux nombreuses formations au coaching proposées aujourd'hui, qu'elles soient dispensées par des organismes privés, des universités – *via* les cursus de formation permanente – ou de grandes écoles en témoignent. Les participants se situent dans une tranche d'âge autour de trente-cinq à cinquante ans. Ils arrivent donc après une vie professionnelle déjà bien remplie. Celle-ci a pu être satisfaisante ou décevante mais tous cherchent une réponse à une préoccupation devenue essentielle : se relier à eux-mêmes et aux autres d'une façon différente, afin de s'inscrire dans un parcours riche de sens. Une fois formés, ces « jeunes coachs » vont

---

1. Lisbeth von Benedek, *La Crise du milieu de vie. Un tournant, une seconde chance*, Eyrolles, 2010.

devoir inventer une nouvelle façon de travailler et enrichir une identité professionnelle en construction depuis leurs premières expériences. Cette construction demande du temps et génère des préoccupations qui vont mobiliser une grande partie de leur énergie.

Des formations en grand nombre

Arrêtons-nous un instant sur la multiplication des formations au coaching en France. Celles-ci sont si nombreuses qu'il serait presque impossible de toutes les recenser. En deux décennies, elles sont devenues les poules aux œufs d'or de nombreux organismes privés comme de filières de formation continue des universités et de grandes écoles. Le marché du coaching s'est considérablement développé, certes, mais pas autant que celui de la formation des professionnels de ce secteur. Il y a donc un danger à considérer que se former au coaching permettra de devenir coach. Les cursus « sérieux[1] » mettent en garde leurs participants et insistent sur la nouvelle corde à leurs arcs que représentera cette formation, qui viendra enrichir leurs compétences professionnelles (ressources humaines, relation d'aide, formation, communication, management, commerciale). Les autres promettent un eldorado de plus en plus difficile à atteindre. La légion des déçus grossit d'année en année alors que les nouveaux cursus de formation ne cessent d'apparaître. Notons que ces déçus deviennent de bien mauvais ambassadeurs du coaching et qu'ils ne contribueront pas à clarifier l'image d'une pratique qui reste encore floue et dont les limites sont remises en cause en permanence.

Il convient d'ajouter à ce constat l'apparition récente mais tout aussi pléthorique de formations à la supervision. Sans ouvrir ici une discussion sur l'intérêt de suivre ou pas ces cursus pour devenir superviseur, nous pouvons nous interroger : faut-il comprendre que ceux qui ont des difficultés à exercer en tant que coach deviennent superviseur – et parfois dans la foulée de leur formation au coaching – ou bien encore, qu'après avoir épuisé le créneau des formations au coaching, certains formateurs se tournent maintenant vers d'autres mirages et souhaitent vendre de nouveaux rêves ?

---

1. *Le Livre d'or du coaching*, « Coacher, ça s'apprend ? », *op. cit.*

Revenons à nos jeunes coachs qui ne pensent pas encore à devenir superviseurs, espérons-le ! Au sortir de leurs formations, diplômes en poche (alors même que le titre de coach ne bénéficie d'aucune reconnaissance officielle), celles et ceux qui croyaient s'engager dans une aventure humaine valorisante, qui allait enfin leur permettre de vivre leurs aspirations les plus personnelles, tout en se consacrant aux autres, sont souvent déçus par les contraintes matérielles qui accompagnent le « devenir coach ». Lorsqu'ils s'installent, il leur faut se faire connaître, engager des actions commerciales, décrocher des contrats et les renouveler tout en continuant de se professionnaliser. Ce sont souvent des années de vache maigre, où les revenus qu'ils parviennent à dégager sont rapidement réinvestis dans la location de locaux pour recevoir leurs clients, les démarches de supervision qu'ils mettent en place, les actions de formation qui se poursuivent et l'ensemble des charges liées à la gestion d'une structure.

Les premiers clients

Il faut ajouter à cette liste de déconvenues les premières missions avec des clients qui ne sont pas des clients idéaux, mais de vraies personnes avec lesquelles les accompagnements ne se déroulent évidemment pas comme les programmes de formation le prévoyaient. Les débutants héritent souvent de cas difficiles et leurs premiers coachings les confrontent à des problématiques d'accompagnement qui sont à la frontière des sujets professionnels, personnels, voire thérapeutiques. Ces jeunes coachs s'inquiètent alors des carences de leur cursus initial et certains commencent à multiplier les formations aux outils les plus variés pour combler ces lacunes.

Ces cas difficiles ont des origines diverses :

- participation à des programmes de coachings solidaires, associés aux cursus de formation, qui amène le jeune coach à rencontrer des publics en grande difficulté sans être suffisamment accompagné[1] ;

---

1. Sous la direction d'Émilie Devienne, *Les 110 Fiches du coaching*, Évelyne Forlot, Fiche 36, « Le coaching solidaire® », Eyrolles, 2015.

- évaluation insuffisante de la demande qui conduit à prendre en charge des clients ne relevant pas de ce type d'accompagnement – ce que des coachs plus expérimentés auraient perçu ;
- inexpérience pour conduire un accompagnement de façon suffisamment structurée et contenante pour le client ;
- prise en charge de personnes trop proches.

Tous ces scénarios catastrophes sont en lien avec le besoin que le jeune coach a de travailler et parfois à tout prix. Le paradoxe est que ce sont aussi ces premières expériences d'accompagnement qui constituent le creuset de son identité et de sa maturité, ce qu'il découvrira au fil de ses supervisions[1].

Ce que vivent les jeunes coachs au début de leur pratique engage leur équilibre de vie ainsi que celui de leurs proches et ne peut se prolonger que si cette première étape a été anticipée. Les soutiens personnels, familiaux et des réseaux professionnels solides seront précieux. Les jeunes coachs qui exerçaient un métier dans le champ de l'accompagnement au sein d'un cabinet devront se faire connaître en tant que coachs auprès de leurs clients (et pas forcément ceux auprès desquels ils intervenaient dans le cadre de leurs missions précédentes), ainsi que de leurs collègues, pour acquérir une nouvelle légitimité. Celles et ceux qui s'apprêtent à exercer en tant que coachs internes seront invités à délimiter de nouveaux territoires, à résister aux pressions et à faire l'apprentissage d'un certain isolement pour trouver les bases solides de leurs identités en construction. Les personnes qui venaient d'un tout autre environnement, sans liens directs avec les métiers des ressources humaines ou de l'accompagnement, auront à fournir un effort considérable pour trouver leurs places et devenir coachs.

Plus l'activité initiale du « jeune coach » était éloignée des métiers de l'accompagnement, plus l'effort nécessaire pour faire sa place dans ce nouveau domaine sera important. Pour autant, trop souvent, les expériences et compétences acquises sont négligées et jetées aux

---

1. Sous la direction d'Émilie Devienne, *Le Grand Livre de la supervision*, Eyrolles, 2010.

orties. Comme si le fait de devenir coach était une nouvelle vie qui commençait, sans liens avec la précédente. Se relier à son histoire singulière, aux fines traces des compétences acquises dans le champ de l'accompagnement (ce qui a pu se produire dans de très nombreux métiers exercés précédemment) est un atout majeur, pour autant qu'un travail soit réalisé sur ces héritages, en conscience.

Certes, une nouvelle vie commence mais pourquoi se délester de tout ce qui a nourri les étapes précédentes sans chercher à le valoriser ? C'est un sujet important que j'ai souvent l'occasion de travailler avec les « jeunes » praticiens qui me sollicitent en supervision. D'où viennent-ils ? Quels savoir-faire acquis peuvent-ils mobiliser pour accompagner les autres ? Quelles expériences fondatrices peuvent-ils convoquer pour se conforter en tant que professionnels ? Dans ces registres, les surprises sont souvent nombreuses et inattendues.

Le travail sur soi : une obligation anthropologique

Le démarrage d'une activité est une étape critique où les « jeunes coachs » se plaignent souvent des difficultés qu'ils rencontrent, des déconvenues qui sont les leurs. Ils les vivront d'autant plus intensément qu'ils n'ont pas engagé de travail thérapeutique – ou que celui-ci est resté superficiel – ce qui les conduit à idéaliser cette nouvelle activité. Leur déception sera d'autant plus forte qu'elle vient réveiller la blessure initiale, celle qui est à l'origine de leur désir de devenir coach. Si elle n'a pas été élaborée dans un parcours thérapeutique, elle va se réveiller, s'ouvrir de nouveau et réactiver la faille narcissique des origines. Certains perdent la foi, deviennent de « jeunes coachs » déçus et aigris. Ils ne se rendent pas compte qu'ils sont en train de tisser la toile du travail invisible du praticien de l'accompagnement qu'ils deviendront.

Dès l'émergence du coaching en France, j'ai défendu l'idée que le travail thérapeutique était l'un des quatre piliers fondamentaux du professionnel de l'accompagnement avec la formation au coaching, l'exigence de la supervision et la connaissance du monde des organisations. De nombreux arguments permettent de soutenir cette position, ne retenons ici que celui d'une obligation anthropologique qui consiste à vivre pour soi, au plus intime de son être, ce que l'on se propose de faire vivre à un autre. Le coaching, une des formes contemporaines de l'accompagnement, s'apprend et ne s'apprend pas, ou plutôt il ne s'apprend que s'il a déjà été vécu, expérimenté pour soi. L'accompagnement est d'abord une expérience, celle que l'on en a faite et qui a touché au cœur. C'est là bien sûr un des premiers fils de cette toile invisible. La rencontre avec un autre être humain, à qui l'on a adressé une demande d'aide, avec qui se sont joués, dans la durée, tous les enjeux d'un accompagnement.

Pour le « jeune coach », c'est aussi dans ce creuset que s'est constituée sa capacité à tenir dans les épreuves d'un début de pratique, souvent difficile et décevant, sans perdre le lien avec le sens profond de sa démarche. Il croyait trouver l'or pur de la transformation alchimique et se confronte à des matériaux d'une tout autre nature, des métaux beaucoup moins nobles. Il s'engage dans une véritable traversée du désert au cours de laquelle des qualités de patience et d'endurance seront nécessaires. Elles permettront d'accepter l'attente, de laisser advenir ce qui est encore en germe en lui et de laisser ouvertes les voies des possibles.

Une certaine maturité

Si le coach traverse ces premières années d'activités sans trop se décourager, il va apprendre à se faire confiance, acquérir progressivement de l'expérience et construire son identité. Au fil des accompagnements réalisés et de son évolution personnelle, il va trouver des bases plus solides et renforcer son cadre d'intervention.

Les outils : pièges ou soutiens ?

Ces bases plus solides ne consistent pas en l'accumulation d'outils, empilés les uns sur les autres avec l'effet « château de cartes » que l'on imagine ou bien encore, se succédant les uns aux autres, les nouveaux outils chassant les précédents, ceux-ci n'ayant pas donné le « résultat miracle » attendu. Ce cas de figure est d'autant plus fréquent que ces dernières années ont vu apparaître un florilège de propositions, toutes plus farfelues les unes que les autres. Elles promettent à de jeunes praticiens de réussir leurs coachings en utilisant telles ou telles méthodes ou techniques, issues des courants du développement personnel ou de traditions anciennes. Cette liste à la Prévert serait drôle à énumérer si elle ne témoignait de dérives inquiétantes qui réduisent l'accompagnement d'un être humain par un autre être humain à l'administration d'une potion qui, loin d'être magique, se révèle amère pour les deux protagonistes[1]. Comme à chaque fois que l'on veut réduire la complexité d'un accompagnement et de ses effets à l'utilisation d'une méthode ou d'un outil, la partie est prise pour le tout et l'on passe complètement à côté des enjeux véritables d'une relation humaine.

Dans ces situations, les outils sont des béquilles mises à la place de l'engagement personnel du praticien et de la relation vivante entre celui-ci et son client. Le coaching est avant tout un processus d'accompagnement. Le coach est celui qui accompagne, qui « mange son pain avec un autre » comme l'étymologie nous l'enseigne et il convient de ne pas l'oublier[2]. Nous poser la question de l'apprentissage, des référentiels théoriques, des méthodes et outils à intégrer, revient donc à se demander comment apprend-on à partager ce pain avec un autre être humain ou un groupe d'êtres humains ? Les bases solides du praticien se construisent au fil des accompagnements réalisés, de la formation continue, des supervisions individuelles et/ou collectives, des partages d'expérience avec les pairs, de ce qui nourrit sa vie en général et de la confiance que le coach acquiert en lui-même.

Comme nous l'avons vu dans le chapitre 2, *L'hygiène du coach*, c'est la personne du praticien qui est engagée tout entière dans les accompagnements qu'il réalise. Son histoire personnelle et ses blessures sont à l'origine de son désir de devenir coach et elles seront bien souvent réactivées à l'occasion de la mise en place de son projet. Se former au coaching est indispensable, poursuivre sa formation tout au long de

---

1. Reine-Marie Halbout, Préface du livre de Philippe Bigot, *Le Coaching orienté solutions*®, 2ᵉ édition, Eyrolles, 2014.
2. *Le Livre d'or du coaching, op. cit.*

son parcours aussi, s'inscrire dans un système ouvert où les autres disciplines des sciences humaines et sociales viennent féconder en permanence sa pratique est une nécessité[1]. Mais toutes ces démarches restent insuffisantes si elles ne sont pas reliées à la relation vivante et profonde que le praticien entretient avec sa vie intérieure et ses rêves. Connaissance de soi, réflexivité de sa pratique par le biais de la supervision, implication dans la vie institutionnelle d'une société professionnelle, au contact souvent rugueux de ses collègues (nous y reviendrons), consistance de sa propre vie et de ses engagements dans la communauté sont tout autant indispensables pour que le tissu soit solide. Dans un langage jungien, nous pourrions décrire ce mouvement entre l'intérieur et l'extérieur comme celui de l'introversion et l'extraversion qui ne cessent de se féconder ou celui de la dialectique du moi et de l'inconscient, comme ferment d'une position pleine et entière, permettant de devenir un « individu », c'est-à-dire un être non séparé, qui n'est pas coupé de lui-même[2].

Au final, c'est donc sur lui-même que le praticien doit compter pour acquérir cette confiance, cette disponibilité à l'expérience et cette solidité qui vont lui donner les ressources nécessaires au développement de sa pratique. Ce sont ces ingrédients nombreux, ces alliages complexes et subtils qui le constituent. Les épreuves de la vie y jouent un rôle considérable. Le rythme de ces avancées est parfois déconcertant. C'est bien souvent dans un moment de doute, accompagné de l'impression de régresser, que le jeune praticien est engagé dans ce travail invisible qui œuvre en lui, lui permettant de trouver un socle profond.

Coach et coaché, plus proches qu'on l'imagine

Le coach n'est pas différent de celles et ceux qu'il accompagne. Il est même souvent plus fragile, car blessé précocement, et sensible à ce qui se passe autour de lui. Il ressent les tensions, se laisse traverser par les courants et saisit avant les autres ce qui est encore en germe, ce qui est « à venir ». La vie ne l'a pas épargné, et dans son existence

---

1. Sous la direction d'Émilie Devienne, *Les 110 Fiches du coaching*, op. cit.
2. Viviane Thibaudier, *100 % Jung*, Eyrolles, 2011.

personnelle et professionnelle, il a rencontré bien des difficultés. Les maladies, les deuils, les blessures d'amour-propre, les désillusions, comme tous ses clients, il en a vécu de nombreux et en vivra encore. Le fait d'être accompagnant ne met à l'abri de rien. Et ce d'autant moins que les coachs expérimentés se situent dans une tranche de vie où les sacrifices à faire sont nombreux pour atteindre de nouveaux rivages[1]. En lisant ces lignes, le lecteur comprendra que l'on est loin de l'image d'Épinal d'un coach serein, au-dessus de la mêlée, parvenu à une sorte de sagesse…

La sagesse, le coach expérimenté sait qu'il en est loin mais pourtant, j'ai coutume de dire qu'« il a un demi-doigt de pied d'avance ». Alors pourquoi ? Parce qu'il a élaboré son parcours de vie et les héritages qu'il a reçus. Il est conscient d'être le produit d'une histoire tout en cherchant à en devenir le sujet, pour paraphraser le sociologue Vincent de Gaulejac à l'origine du courant de la sociologie clinique et des histoires de vie[2]. Parce qu'il a accepté sa condition d'être incomplet et mortel, qu'il a rencontré l'échec tout en continuant de se sentir vivant, il peut témoigner que la vie vaut la peine d'être vécue[3] et que chacun peut y trouver un sens et exercer sa créativité. Ceci suppose de sacrifier la quête de la performance et de la perfection, de reconnaître qu'il a besoin des autres et que les liens sont préalables à tout projet d'autonomie.

Investir sa vie

Ce que l'on peut souhaiter de mieux à un accompagnant, c'est une vie nourrie de liens solides et profonds avec ses proches, sa famille de sang ou de cœur, ses amis et confrères. C'est dans ce réseau d'interactions quotidiennes qu'il développera sa capacité à nouer des relations

---

1. Anasthasia Blanché, *La Retraite, une nouvelle vie. Une odyssée personnelle et collective*, Odile Jacob, 2014.
2. Sous la direction de Vincent de Gaulejac, Fabienne Hanique, Pierre Roche, *La Sociologie clinique. Enjeux théoriques et méthodologiques*, Paris, Érès Éditions, 2007.
3. Formulation que le psychanalyste anglais Donald Winnicott utilise pour décrire ce qu'est la tâche essentielle d'une mère « suffisamment bonne » : apprendre à son enfant que « la vie vaut la peine d'être vécue ».

solides, mais aussi à vivre les conflits et à les dépasser. C'est là aussi qu'il puisera les ressources dont il a besoin pour exercer cette activité difficile qui l'expose toujours plus qu'il ne le croit. Imaginer que les clients pourraient devenir les interlocuteurs privilégiés d'une vie qui ne serait pas remplie de liens personnels, d'engagements vécus au quotidien avec des proches, est un leurre et une cause de déception profonde. Les clients ne peuvent jamais, au grand jamais, être la source de valorisation égotique de la vie d'un accompagnant. Le statut du coaché, si prestigieux soit-il, n'a pas vocation à alimenter le narcissisme du coach.

C'est le moi intime du coach qui a besoin d'être alimenté par la richesse du lien avec lui-même et les autres et non sa *persona*, c'est-à-dire la « surface » de sa personnalité mise au service de la relation avec le monde extérieur, pour reprendre un concept jungien que nous avons déjà décrit dans cet ouvrage. Si toute l'énergie psychique est investie surtout dans la *persona*, cela donne ces « personnalités brillantes mais factices, dont les bases sont peu solides et qui volent en éclats lorsque la pression est trop forte ou l'écart trop important entre les prétentions de la *persona* et la réalité du moi » (voir p. 54).

Autre aspect fondamental, celui de la responsabilité. Accompagner une personne dans un coaching, c'est toujours soutenir le projet de devenir sujet, sujet responsable, de sa vie et de ses engagements. Qu'en serait-il d'un coach qui ne peut soutenir cette position de sujet responsable, conscient d'avoir choisi une activité où il trouve du sens et une valorisation narcissique en accompagnant les autres ? Au prix d'avoir élaboré toutes ces questions, et à ce prix seulement, il sera un accompagnant.

Les sociétés professionnelles, un théâtre d'ombres

À propos du lien et de la responsabilité, revenons à cette question de l'appartenance à une société professionnelle. Elle peut sembler évidente mais les raisons profondes de la nécessité de cette appartenance ne sont pas forcément celles qui se profilent en premier lieu. Comme nous l'avons déjà évoqué pages 79 et 80, rencontrer ses pairs, continuer de se former dans le cadre d'un groupement de praticiens, œuvrer ensemble au développement et à la reconnaissance du métier, accepter d'être évalué par des collègues dans les processus d'accréditation que proposent ces sociétés sont des points essentiels qui constituent une part significative de la trame du travail invisible du praticien.

Les clients des coachs ont tout à gagner à être accompagnés par un coach qui s'investit dans la vie associative, qui n'est pas seulement un consommateur des services apportés par ces sociétés mais en est un membre actif, contribuant aux réflexions sur le métier, partie prenante de son devenir. Ces engagements témoignent d'une générosité intellectuelle et humaine car ils demandent du temps, de l'énergie et représentent un investissement financier significatif.

Après de nombreuses années de fréquentation de ces sociétés, que ce soit dans le champ du coaching comme de la psychanalyse, il m'apparaît aujourd'hui que l'essentiel se joue sur un autre plan. Au sein de ces sociétés, et ce dans tous les métiers de l'accompagnement, les relations sont souvent très rudes et les conflits d'une violence qui ne peut manquer de surprendre celui qui découvre ces milieux. Naïvement, ce candide pourrait se dire : « Comment des personnes censées avoir travaillées sur elles, et prétendant accompagner les autres, peuvent-elles se déchirer ainsi ? » Cette naïveté a été la mienne et je crois comprendre aujourd'hui que ces tensions sont toujours présentes et nécessaires. Nul ne peut s'exonérer du négatif dont il est porteur et qu'il a tendance à projeter sur les autres avant d'être en mesure de s'y confronter et de l'accepter comme une part de lui-même. Pour que ces projections se déploient dans un premier temps, qu'elles deviennent conscientes puis se désagrègent pour être reconnues comme une part de soi, il faut des frères et sœurs, des proches sur un axe horizontal, sur qui les projeter.

Les sociétés professionnelles sont des scènes de théâtre où s'animent nos scénarios intérieurs. Ils sont d'autant plus vivement activés (ou véhéments) que la relation d'aide nécessite une sorte d'ascèse, qu'elle est porteuse – du moins consciemment – de l'interdit de l'agressivité dans la relation avec les clients. Pour toutes ces raisons, et parce qu'il faut vivre cette dimension de soi, je n'adresse jamais un client en coaching ou un patient en psychanalyse à un collègue qui ne fasse pas partie d'une société professionnelle et qui n'en soit pas un membre actif. Si un coach ou un thérapeute refuse de participer à une vie institutionnelle, cela veut dire qu'il se tient trop à distance de sa propre violence, ou agressivité, et que son client risque d'en faire les frais.

Reconnaître cette part d'ombre en chacun de nous, que permet de vivre l'appartenance à une société professionnelle, n'est pas chose facile. Je suis convaincue aujourd'hui que c'est une des raisons, bien douloureuse à admettre, de leur existence et de leur nécessité. Le travail invisible plonge très profondément ses racines dans nos parts d'ombres individuelles et collectives, et il est impossible de s'exonérer de cette confrontation avec soi-même et les autres.

Saisir le *kairos*

Il apparaît donc que la maturité professionnelle est à la fois une plénitude (exercer son métier, voire son art) et un renoncement, renoncement à la toute-puissance fantasmée d'outils, à la performance dans l'accompagnement. Le coach expérimenté peut accepter que ses accompagnements ne se déroulent pas « comme dans les livres ». Il se saisit de ce qui surgit et n'était pas prévu au programme pour en faire une dynamique de travail vivante et créative. La mythologie grecque appelle ces instants, « saisir le *kairos* ». C'est-à-dire attraper par la touffe de ses cheveux ce jeune dieu qui surgit au moment le plus inattendu, qui apporte souffle et renouveau, en même temps qu'il ouvre à l'instant juste. À propos du *kairos* dont l'étymologie renvoie à opportunité, c'est-à-dire « saisir l'occasion », trois possibilités se présentent : ne pas le voir, le voir et ne rien en faire, ou bien capter l'opportunité qu'il représente.

Lors des séances de supervision, ces moments sont souvent décrits, à la fois inquiétants pour le praticien et ô combien stimulants si celui-ci a été capable de s'en saisir pour en faire quelque chose[1]. Évidemment, attraper Kairos par les cheveux suppose d'être en mesure de sortir des dogmes tout en tenant le cadre. Pas simple… et bien

---

1. *Le Grand Livre de la supervision, op. cit.*

souvent, le praticien raconte qu'il a bien senti que quelque chose se présentait, qu'il n'a pas pu capturer. Ce constat étant déjà une avancée témoignant du travail invisible dans lequel il est engagé. Le praticien suffisamment disponible pour sentir le *kairos* passer mais qui n'est pas encore prêt à l'attraper en est presque à la troisième étape. Disons que ce sera pour une prochaine fois...

Narcissisme, séduction et emprise

Les praticiens de l'accompagnement doivent éviter de nombreux pièges. De la revalorisation narcissique du débutant qui ne se rend pas compte qu'en s'occupant des autres, il s'occupe surtout de lui-même (et cet aveuglement sera d'autant plus fort qu'il ne sera pas engagé dans un véritable travail thérapeutique) ; des tentatives de séduction pour amadouer un client difficile ou se rassurer sur le fait que l'accompagnement se déroule bien comme prévu, à la volonté d'emprise qui contient les deux travers de la revalorisation narcissique et de la séduction, renforcés par le besoin d'exercer un certain pouvoir, qui est un véritable empêchement à la créativité.

De là à dire que, finalement, le coach expérimenté, qui tisse consciemment et inconsciemment la toile de son travail invisible, sait qu'un accompagnement ne peut être qu'un échec, nous sommes en train de franchir le pas... Échec de l'idéal d'un coaching que le débutant s'était imaginé atteindre un jour, échec des outils qui se révèlent être des médias dans le meilleur des cas et des pièges dans les pires d'entre eux, et enfin, échec du coach, qui n'est pas le praticien performant qu'il aurait souhaité devenir mais seulement un être humain limité et conscient de l'être, qui travaille surtout à partir de ses manques, dans l'inattendu de la relation.

Tact et délicatesse

À partir de tous ces sacrifices, une relation entre deux personnes pourra advenir, avec un praticien qui a « un demi-doigt de pied d'avance », mais pas plus. La vraie demande pourra être entendue et le praticien cherchera à s'en occuper avec délicatesse et respect. Ce qui me vient à l'esprit à propos de la délicatesse, c'est aussi le mot

« tact ». Le tact, c'est l'art du toucher, et si nous l'employons ici, c'est dans sa dimension métaphorique, bien sûr. Le tact trouve ses racines dans les registres les plus fondamentaux, ceux du soin qu'une mère ou un père donne à un tout petit enfant, ceux des soignants qui s'occupent des malades ou des blessés, ceux de l'enseignant qui transmet ses savoirs aux générations suivantes, ceux de l'artiste qui, d'un geste, fait partager une émotion intense, ceux des échanges où des paroles difficiles peuvent être dites avec ou sans tact... et n'oublions pas que le tact peut s'accompagner de l'exigence, et qu'il en est même le vecteur le plus direct.

Alors la sagesse ?

Avec l'un de nos confrères, très expérimenté et déjà bien engagé sur le versant de la retraite tout en poursuivant certaines de ses activités, nous échangions sur son parcours de coach, son évolution et le terme de « sagesse » a été évoqué. En riant dans sa barbe blanche, il a convenu en être loin, me donnant une définition du sage : « Le sage s'est retiré de la vie professionnelle. Il s'y trouve très bien et apprécie tout aussi bien d'être sollicité de temps à autre. » En ce qui le concernait, il était toujours content que l'on vienne le chercher et triste parfois de ne pas être sollicité.

Cette anecdote témoigne de sa conscience très fine de la façon dont son narcissisme continue d'être mobilisé dans l'exercice de ce qui est pour lui un art véritable. Il semblerait donc que la sagesse ne soit pas pour demain...

Le travail invisible : un tissage

En introduction de ce chapitre, j'évoquais comme un des fils de trame du travail invisible l'importance pour un accompagnant de s'engager dans un rapport vivant à la culture, aux mythes fondateurs et aux dimensions symboliques qui ne cessent de l'enrichir s'il sait s'appuyer sur ces registres.

Le coaching est une relation entre deux personnes, coach et coaché. Elles échangent des regards, des mots, des affects et des pensées, mêlent leurs conscients et leurs inconscients. Cette rencontre ouvre sur un espace tiers, un espace fécond, où le souffle de l'esprit est appelé. Certes, il ne vient pas toujours et d'autant moins d'ailleurs que le coach est lui-même fermé à cette dimension. Celle-ci est reliée à la vie de l'esprit, la vie symbolique, l'inconscient qui contient les mythes, les symboles. Si cette dimension s'ouvre, le souffle du désir et de la transformation peut commencer à souffler. Ce souffle transporte avec lui ce qui cherche à advenir, ce que les protagonistes ne savent pas encore d'eux-mêmes et de la situation. Il provoque l'étincelle entre raison et passion, rationnel et irrationnel, à l'origine des processus créatifs.

Parce qu'ils mettent leur énergie psychique au service de la relation d'aide, les coachs ont besoin de laisser le souffle de l'esprit les traverser pour se régénérer. Le coach est, d'une certaine façon, son premier client. Il est bon qu'il ne l'oublie pas et s'occupe de lui, avec soin, tact et délicatesse. C'est dans cette attention à lui-même, cette disponibilité à l'expérience, à l'inattendu, à l'inspiration, qu'il trouvera les ressources pour accompagner les autres (c'est-à-dire partager le pain, ne l'oublions pas). Il pourra alors nourrir sa vie et tisser la toile du travail invisible qui est le sien.

Chapitre 5

Déroulement d'un coaching et étapes de vie

Déroulement d'un coaching

Après avoir parcouru l'histoire des pratiques de l'accompagnement dans le premier chapitre de cet ouvrage, nous allons maintenant nous intéresser à la façon dont se déroule une des formes d'accompagnement contemporaines, le coaching. Nous détaillerons les grandes étapes que l'on retrouve régulièrement dans un accompagnement. Leur description permettra de mieux comprendre leur contenu, leurs articulations et la dynamique sous-jacente à tout coaching, qui en fait un processus de transformation impliquant les deux protagonistes.

La question des enjeux liés à chaque étape de vie fera l'objet d'un développement spécifique. Le praticien doit être conscient que chaque étape de vie est porteuse de ses préoccupations particulières et qu'en tenir compte permet de conduire un accompagnement de façon plus appropriée et constructive pour le coaché.

Le coaching est envisagé aujourd'hui comme une réponse possible aux problématiques complexes rencontrées par les professionnels dans les organisations. Plus ou moins bien préparés à l'exercice de leurs « métiers de management des hommes ou des projets » par leurs cursus initiaux, parfois accompagnés par leurs entreprises qui leur proposent des parcours de formation continue, ces professionnels sont en fait souvent livrés à eux-mêmes pour affronter les dynamiques de changement auxquelles ils sont confrontés.

Au quotidien, ils font régulièrement le constat des limites des approches de formation traditionnelles et cherchent dans le coaching un espace d'intégration nouveau, ayant le pressentiment qu'il offre de travailler à la frontière de l'expérience acquise, des connaissances, des compétences et de la connaissance de soi.

Nous utilisons à dessein le terme de pressentiment, car le coaching, malgré les nombreux articles et ouvrages qui lui sont consacrés, reste bien souvent un concept mystérieux, suscitant intérêts et interrogations, curiosité et crainte.

Il est vrai que définir le coaching est un exercice difficile qui consiste souvent à dire ce que le coaching n'est pas, à savoir de la formation, du tutorat, une prestation de conseil où le coach deviendrait un consultant préconisateur d'une solution.

Le coaching : une relation et un processus

Le coaching est à la fois une relation qui s'engage entre deux protagonistes, et un processus qui favorise la prise de conscience d'une personne ou d'une équipe de ses modes de fonctionnement privilégiés, avec pour objectif de dépasser la situation dans laquelle cette personne ou cette équipe se trouve. Il s'agit de relancer la créativité personnelle ou collective. Le coaching est donc un espace de prise de conscience et d'élaboration* pour le coaché et pour le coach.

Les types d'accompagnement proposés par les coachs dépendent ensuite essentiellement de leur propre parcours de formation, de leur expérience de l'accompagnement, de leurs référentiels théoriques et culturels.

Dans le chapitre suivant, nous aborderons les référentiels théoriques, les démarches et les outils des coachs, mais, avant de les évoquer, il est important de rappeler que le coaching est d'abord une relation entre deux personnes, le coach et son client. Ce processus d'accompagnement comporte de grandes étapes que nous allons parcourir ensemble.

Les grandes étapes

Voici les différentes étapes d'une démarche de coaching :

- *les phases amont* de rencontres du coach avec l'intéressé et le ou les demandeurs au sein de l'organisation, qui débouchent sur la rédaction d'un contrat tripartite, s'il s'agit d'un coaching mené dans le cadre d'une organisation, ou d'un contrat d'objectifs, lorsque la relation s'établit directement entre le client et le coach ;
- *la phase de diagnostic*, qui a pour objectif d'effectuer, au-delà de la formulation de la demande, une première analyse de la dynamique du sujet dans son environnement, et de dégager les principaux axes de travail ;
- *la phase d'accompagnement*, où ces axes de travail sont développés à travers notamment l'élaboration de différents indicateurs d'évolution (par exemple, quels éléments observables permettent d'apprécier si le coaché délègue plus et mieux un certain nombre de tâches à ses collaborateurs directs ?) ;
- *la phase de bilan* ou de synthèse avec le client, où l'analyse des différents indicateurs élaborés au cours du suivi permet de mesurer le chemin parcouru, et auprès de l'entreprise demandeuse, où un bilan est dressé sur l'ensemble de la démarche avec tous les partenaires concernés – demandeur, bénéficiaire et coach.

Les phases amont

Le coaching : un marché en voie de professionnalisation

Le coaching est aujourd'hui un marché avec une demande et une offre. L'offre, c'est-à-dire les coachs, s'est beaucoup professionnalisée ces dernières années. La demande, elle, s'est structurée et précisée. Les sociétés professionnelles ont joué un rôle considérable dans ces avancées, en définissant les critères permettant d'exercer le métier, en construisant des processus d'accréditation et en mettant au point des codes de déontologie (ces codes sont consultables sur les sites Internet des sociétés concernées) et des référentiels de compétences, comme l'a fait la Société française de coaching en 2006[1].

Le choix d'un coach se fait donc maintenant selon des critères rigoureux. Nombreuses sont les entreprises qui ont élaboré une charte très complète leur permettant de choisir leurs intervenants. Nous l'avons déjà évoqué, s'y retrouvent généralement des critères de formation au coaching, de connaissance des organisations, de travail personnel et de supervision. Ces chartes se traduisent en appels d'offres lorsque ces entreprises souhaitent identifier des praticiens sérieux pour intervenir en leur sein.

Le coach, de son côté, est aussi engagé dans une démarche de développement commercial de son activité. Il répond à des appels d'offres, prend contact directement avec des clients potentiels, développe un réseau de partenariats avec des collègues pour étendre son champ d'intervention, et ne manque pas une occasion de se faire connaître.

Les rencontres avec le demandeur

Tous ces éléments font partie de l'amont d'un accompagnement. S'ils ne sont pas en place, il y a peu de chances pour que les différents acteurs du processus se rencontrent. Ces étapes franchies (élaboration de l'appel d'offres du côté de l'entreprise ou du demandeur, réponse à l'appel d'offres ou présentation directe du côté du coach, puis décision prise de travailler ensemble autour d'un accompagnement précis), la phase amont du coaching débute. Il s'agit du moment où entreprise et coach se rencontrent pour envisager les modalités d'un accompagnement concernant un collaborateur.

La façon dont le coach va entendre et comprendre cette demande est essentielle. Dans un accompagnement, l'amont est une phase cruciale. Si celle-ci est manquée, il sera difficile de la rattraper et elle pèsera lourdement sur toutes les étapes suivantes. Le futur coaché est-il ou non demandeur d'un coaching ? À quel moment de sa vie professionnelle cette proposition d'accompagnement intervient-elle ? Quel est l'état d'esprit du demandeur ? En a-t-il déjà parlé ou

---

1. Société française de coaching, www.sfcoach.org

non à l'intéressé ? Quelles sont les attentes exprimées vis-à-vis du coaching par les différentes parties concernées ? Quels sont les contextes actuels du service et de l'organisation où travaille le futur bénéficiaire ? Quelles sont les pratiques de coaching en interne ? Comment la question de la confidentialité des éléments recueillis lors de l'accompagnement est-elle envisagée ? La liste des questions que le coach doit se poser est longue, c'est dire si tous ses sens doivent être en alerte et son écoute particulièrement fine.

Bien souvent, derrière une demande explicite, il y en a une autre, implicite, plus difficile à entendre donc, mais essentielle à saisir si l'on veut se faire une idée claire de la situation. Le coach est un tiers pour l'organisation. C'est une des principales ressources sur lesquelles il peut s'appuyer. Il ne sait rien du contexte et, par ses questions, il peut déjà éclairer certains angles morts ou révéler des non-dits.

De son côté, l'entreprise est soucieuse de vérifier auprès du praticien les critères de professionnalisme et d'expérience qui leur ont permis de se rencontrer. Les questions liées au nombre de séances, aux tarifs, aux modalités d'intervention et plus généralement aux éléments contractuels sont évoquées à cette occasion.

Coaching ou pas coaching ?

Pour le coach, il s'agit aussi d'évaluer si la demande formulée relève bien d'une intervention de type coaching. Il arrive qu'un demandeur (hiérarchique, DRH ou dirigeant) confonde les possibilités qu'offre un accompagnement avec celles qu'offrent d'autres démarches, qui seraient plus appropriées. Un coaching ne peut se substituer à une formation, à un recadrage, à un entretien d'évaluation, etc.

De même, le coach ne peut accepter de prendre en charge des responsabilités managériales qui ne relèvent pas de son champ. Il n'est pas rare qu'un manager explique au coach qu'il n'a jamais évoqué avec son collaborateur les difficultés de communication qu'il a avec lui ! D'où sa demande de coaching pour son collaborateur, afin que celui-ci progresse. Le rôle du coach est alors d'encourager le dialogue entre les deux protagonistes, phase préliminaire sans laquelle le coaching ne peut avoir lieu.

Le coach doit également s'assurer que les conditions d'exercice de son métier sont bien comprises par l'entreprise et qu'elles seront respectées. Les codes de déontologie élaborés par les sociétés professionnelles de coaching possèdent de nombreux points communs et indiquent de façon précise à la fois l'esprit et la lettre d'une modalité d'intervention. La question de la confidentialité y est toujours centrale.

Il n'est donc pas question que le coach délivre le contenu du coaching à l'entreprise qui le finance. Une partie de ce contenu sera restituée, mais par le coaché, comme nous le verrons plus avant dans cette présentation. Il s'agit d'éléments concernant le processus, les objectifs de départ et ceux qui ont été atteints. Toutefois de nombreux autres aspects traités dans l'accompagnement ne feront l'objet d'aucune restitution. L'entreprise doit en être consciente ; son niveau d'acceptation de cette règle du jeu est un bon indicateur de sa maturité pour mettre en place une véritable politique de coaching.

S'il s'agit bien d'une demande de coaching, le travail que le coach effectue avec le demandeur est alors d'une grande importance : explication de la demande, clarification du contexte, identification des objectifs attendus à l'issue de la démarche. Le coach prévient aussi le demandeur (dans le cas où il ne s'agit pas du client bénéficiaire) qu'il est souhaitable que son collaborateur puisse avoir le choix entre plusieurs praticiens et que ce soit finalement lui qui choisisse son coach. Il est fondamental que l'envie de travailler ensemble et la confiance puissent présider à l'engagement réciproque des intéressés.

La rencontre avec le futur coaché

En général, c'est après ces phases que le coach et le futur coaché se rencontrent. L'entreprise a validé son choix d'intervenant et le coach s'est assuré qu'il s'agissait bien d'une demande de coaching. S'il estime que les conditions sont réunies pour s'engager dans une collaboration, il propose de rencontrer le futur coaché.

Lors de cette rencontre, le coach aura l'occasion de vérifier la cohérence entre ce qui lui a été dit par ses premiers interlocuteurs et l'intéressé. Si les distorsions sont trop importantes, il sera nécessaire de revisiter le processus amont. S'il y a écho ou proximité, si coach et coaché s'entendent pour travailler ensemble, alors le processus peut s'enclencher.

Il existe aussi des cas où cette rencontre valide l'expression d'une non-demande. Le supposé coaché est venu sur injonction à cet entretien, mais, en fait, il n'a aucune envie d'aller plus loin. Le coach aura à cœur de respecter ce choix.

La relation tripartite

Il est temps de se retrouver ensemble pour arrêter les termes du contrat et définir les objectifs du travail. Ce contrat, ainsi que l'annexe comportant les objectifs visés, fera l'objet d'une triple signature qui scellera les engagements des trois parties :

- financement de l'opération par l'entreprise ;
- engagement dans la démarche, pour le coaché ;
- respect des engagements pris, pour le coach (nombre et durée des séances, mise à disposition de différents outils ou approches auprès du coaché, confidentialité).

La phase de diagnostic

L'intérêt du diagnostic pour le coach et le coaché

Cette étape de diagnostic permet de prendre connaissance de la situation de la personne dans son contexte tout en repérant ses ressources et ses difficultés. À partir de ces constats, le praticien et le bénéficiaire de la démarche sont en possession des éléments nécessaires à l'élaboration d'un plan de travail. Insister sur l'intérêt d'une étape de diagnostic et sur les mécanismes d'appropriation de la réflexion sur soi qu'elle permet au coaché d'amorcer au début d'un coaching, c'est aussi placer la personne au centre du coaching.

Ce type de coaching vise la prise de conscience chez le coaché de sa dynamique personnelle et des implications de celle-ci sur son style de management, sa communication, son mode de résolution des problèmes, sa gestion des conflits et plus généralement sa position de vie dans l'entreprise.

En quoi est-il acteur de sa vie professionnelle ? En quoi est-il conscient de ce qui se joue pour lui ou plutôt de ce qu'il joue dans l'exercice de ses responsabilités ? En quoi est-il engagé dans un processus de création de sa vie professionnelle ou dans une position d'extériorité par rapport à lui-même ?

Le coaching est un espace réflexif, un dégagement momentané de l'action dans un espace-temps différent. Il autorise à un questionnement sur la cohérence et le sens des actions entreprises. La position personnelle du coaché est revisitée en même temps que la façon dont il exerce ses responsabilités et conçoit son éthique dans le cadre de ses fonctions.

Dans ce processus, le coach est tout aussi impliqué que le coaché. Cela suppose qu'il ait déjà effectué un travail approfondi sur l'ensemble des questions qu'il se propose de soulever avec le coaché. On mesure bien que ces questions ne sont pas sans conséquences sur le processus d'évolution personnelle qu'elles risquent d'enclencher chez le coaché, d'où l'importance déjà évoquée d'un travail préalable de connaissance de soi et d'une supervision des accompagnements que réalise le coach.

C'est à cette occasion que des outils de connaissance de soi (voir chapitre 5) peuvent être proposés par le coach à la personne qu'il accompagne. Le choix d'un outil est important, car il s'inscrit toujours dans un référentiel théorique et va orienter, dans sa forme même, une modalité de travail, une conception de l'identité et un rapport au monde.

Diagnostic et connaissance de soi

L'idée de demander au coaché de commencer par s'intéresser à lui-même, alors que le professionnel a été formé, préparé à résoudre des problèmes, à trouver des solutions, à penser et à agir sur les systèmes et sur les autres, peut sembler étrange *a priori*.

Pourtant, le système scolaire et universitaire, et les processus de formation en général ont encouragé les étudiants à s'intéresser aux objets extérieurs de connaissance plutôt qu'à eux-mêmes. Ils sont donc souvent peu attentifs à leurs préférences comportementales, à leurs styles relationnels et, plus grave encore, à leurs motivations profondes.

Sur ce sujet, laissons la parole à Edgar Morin, qui, en mai 2007, s'exprimait en ces termes[1] : « L'enseignement est atteint d'une grande sclérose. Aujourd'hui les problèmes fondamentaux de chacun comme individu, citoyen et membre de l'espèce humaine sont complètement désintégrés par le morcellement disciplinaire. On n'apprend plus ce que c'est d'être humain. On n'apprend plus à se comprendre les uns les autres, bien que ce soit vital. On n'enseigne plus comment affronter les incertitudes. Il n'y a pas une éducation de civilisation. Tous ces problèmes fondamentaux de la vie sont ignorés. Pour les enseigner, il faudrait des compétences polydisciplinaires, faire émerger une nouvelle race d'enseignants cultivés, qui ne s'enferment pas dans leur discipline. C'est concevable dans certains pays, dont l'Italie voisine, mais non en France. »

Les étudiants qui sont devenus cadres en entreprise ont développé des capacités de rationalisation, de modélisation, et privilégient une approche intellectuelle des situations, souvent au détriment des dimensions affectives, relationnelles, corporelles et symboliques. Ces registres sont pourtant largement sollicités dans l'entreprise, souvent de façon implicite. Par le jeu de la sélection et des concours, ils ont appris à se situer dans la compétition avec les autres plutôt que dans la recherche de complémentarité et de synergie.

Force est de constater le paradoxe que vivent ces professionnels qui ont été préparés à tout, sauf à l'essentiel de leur rôle de responsables de projet ou d'équipe, c'est-à-dire à l'exercice d'un management humain. Celui-ci ne peut être fondé que sur une véritable connaissance de soi, point de départ d'une maturité personnelle et relationnelle autorisant une action pensée et assumée comme porteuse de sens et de créativité pour soi et pour les autres.

---

1. Edgar Morin, « Où va la France ? », *Le Monde 2*, n° 168, mai 2007.

Or, aujourd'hui, pour reprendre le titre de l'ouvrage de Vincent Lenhardt[1], on demande aux professionnels d'être « porteurs de sens » et non pas seulement de gérer, piloter, manager, anticiper, etc.

Comment être porteur de sens si on n'a pas soi-même trouvé son sens ? Dans cette perspective, les outils de la phase de diagnostic inscrivent le coaching dans les pratiques les plus anciennes d'éveil de la conscience. Le « Connais-toi toi-même » de Socrate est d'une brûlante actualité, surtout si l'on n'omet pas d'entendre la suite de la phrase : « ... et tu connaîtras les dieux et l'univers. » Pour Socrate, il s'agissait de rappeler aux hommes que n'étant pas des dieux, ils étaient donc mortels. Considérons aujourd'hui la dimension introspective de cette proposition : se connaître, c'est aussi connaître et reconnaître l'autre, les autres et le monde dans lequel on vit.

Cette réflexion sur soi, articulée au contexte professionnel, devient alors le premier temps d'un travail d'intégration et de transformation dont les étapes successives du coaching rythmeront la progression.

Claude, un homme en colère

Jeune dirigeant dans une société de services en pleine croissance, Claude est promis à un brillant avenir. Repéré comme cadre à haut potentiel, il est reconnu pour la pertinence de ses analyses stratégiques, sa force de travail et sa capacité à mobiliser ses collaborateurs sur des objectifs ambitieux. Son président dit de lui qu'il est « percutant »... si percutant que des conflits récurrents se produisent avec ses pairs et surtout avec sa propre hiérarchie. Autant il est à la fois exigeant et bienveillant avec ses collaborateurs, autant ses pairs et ses patrons font les frais de ses réactions intempestives et de son humour ravageur. Avec eux, Claude ne se contrôle pas, il s'emporte et va au clash.

Le président croit en lui et lui propose de s'engager dans un coaching pour l'aider à tempérer ses ardeurs et à devenir plus diplomate. Au fur et à mesure des entretiens de coaching, la méfiance et l'esprit critique de Claude font place à un engagement authentique. Sa capacité d'introspection est étonnante. Il comprend que la situation ne comporte pas d'enjeux

▶

---

1. Vincent Lenhardt, *Les Responsables porteurs de sens*, Insep Consulting, 2002.

> de pouvoir ou de rivalité. Il accepte de déposer les armes et d'explorer son histoire. Son coach est une femme, plus âgée que lui, ce qui l'aide certainement à passer du registre de la rivalité masculine à celui de la confiance.
>
> Il raconte son enfance dans le nord de la France, où son père et ses oncles, ouvriers, avaient tous de forts engagements syndicaux. Son père, qu'il admire et redoute, en même temps qu'il le méprise pour son alcoolisme, lui a intimé l'ordre de faire des études « pour ne pas devenir ouvrier comme lui et ses frères ». Claude a obéi ; il est le seul de sa famille à avoir fait des études supérieures et il a progressé rapidement dans sa carrière.
>
> À trente-deux ans, il se retrouve dans une position difficilement tenable. Coupé des siens, dont il s'est éloigné géographiquement, socialement et financièrement, il ne peut se résoudre à faire alliance avec ses pairs (issus d'un autre milieu social que le sien) et encore moins avec sa hiérarchie, qui représente ce contre quoi son père s'est toujours battu.
>
> Cette histoire, Claude la connaissait, mais lorsqu'il la relie à la situation présente et à ce qui l'amène en coaching, elle prend un autre relief et, surtout, elle l'aide à comprendre cette colère qui l'habite en permanence et qui se traduit par des explosions de rage. C'est la première étape d'un travail qui lui permet de relier passé et présent et de construire de nouvelles alliances relationnelles avec son entourage professionnel, tout en se réconciliant avec des parties de lui-même qui l'influençaient d'autant plus qu'il les avait laissées derrière lui. En comprenant mieux sa « névrose de classe[1] », il peut relancer son parcours professionnel en étant centré sur son désir et sa créativité plus que sur son besoin de revanche.

La phase d'accompagnement

Faire le lien entre la personne, son histoire et la situation

Il s'agit, au-delà de la première étape de diagnostic, de mettre en place des modalités d'accompagnement de la personne. Au départ, une problématique a été posée et des objectifs ont été validés par l'ensemble des parties concernées par ce coaching. Il s'agit de ne pas les perdre de vue, tout en étant très disponible à l'ensemble des maté-

---

1. Vincent de Gaulejac, *La Névrose de classe*, Hommes & Groupes, 2001.

riaux que le coaché apporte dans les séances. Le champ de son activité professionnelle sera bien entendu le champ d'étude privilégié, mais, pour autant, il ne faut pas hésiter à accueillir d'autres évocations ou liens que la personne fera au fur et à mesure de l'avancée de son travail.

Il est surprenant d'entendre certains coachs se défendre d'accueillir des éléments de la vie personnelle ou de l'enfance du coaché sous le prétexte que le coaching ne concernerait que la vie professionnelle du sujet. Sans confondre les champs du coaching et de la psychothérapie, il paraît difficile de couper la personne en tranches totalement imperméables.

L'individu, comme l'étymologie le confirme, c'est celui qui est indivisible. Comment favoriser un travail de prise de conscience visant une position de sujet* dans le contexte professionnel si certains éléments sont tabous ? Le fait de les évacuer favorise une vision morcelée de l'être et ne peut que renforcer les difficultés du coaché à prendre véritablement possession de son parcours en lui donnant du sens.

Prenons le cas d'une difficulté relationnelle rencontrée par un collaborateur dans ses échanges avec les autres membres de l'équipe de direction dans laquelle il travaille. Assez rapidement, dès les premiers entretiens avec le coach, le coaché met en relation cette difficulté avec les forts conflits qu'il a vécus, enfant, dans sa fratrie. Prendre en compte cette association, lui faire de la place, c'est ouvrir à une prise de conscience plus large. Il ne s'agit pas de travailler sur ces conflits fraternels infantiles, mais de comprendre que les difficultés rencontrées avec les collègues peuvent être en résonance avec une problématique plus ancienne.

Pour autant, le travail du coach porte bien sur l'analyse, la compréhension et la résolution des difficultés que la personne vit dans son contexte professionnel, mais celle-ci arrive forcément en coaching avec son histoire, le milieu dont elle est issue, ses représentations*. Ce sont tous ces éléments qui permettent une meilleure compréhension de sa dynamique et de sa relation au travail.

Analyser pour comprendre

Revenons sur le cas évoqué précédemment d'une relation difficile avec les autres membres de l'équipe de direction. Comment résoudre ces hiatus de communication ? Il s'agit dans un premier temps de les analyser plus finement. Les enjeux sont-ils des enjeux de rivalité, d'affirmation de soi, d'exclusivité recherchée avec le hiérarchique, au détriment des relations plus horizontales, ou bien simplement un manque d'expérience du travail en équipe ?

S'agit-il d'un dysfonctionnement organisationnel, lié à la façon dont l'équipe est managée ou à la place de l'équipe dans le système plus large de l'organisation ? Tous ces aspects sont souvent imbriqués et les démêler est une première étape indispensable. Analyser pour comprendre, et convoquer dans cette analyse tous les registres que la personne peut mobiliser, permettra d'enrichir considérablement le travail en cours.

Questionner

Comment le coaché réagit-il dans une situation particulière ? Que peut-il dire des liens qu'il a tissés avec tel collègue ? Quelle est l'histoire de son lien avec son hiérarchique ? Quelles sont les conséquences de ces tensions avec ses collègues sur l'équipe qu'il anime ? Comment s'est passée la dernière réunion de direction avec les collègues ? Comment sont positionnées les personnes dans l'espace ? Peut-il dessiner sur un tableau ce positionnement ? Quel est le dessin qui représenterait le mieux ce qu'il ressent dans les moments de tension qu'il vient de décrire ? A-t-il vu récemment un film ou lu un livre dont le thème traduit ce qu'il vit ?

Le questionnement du coach, le regard extérieur et neuf qu'il pose sur les situations décrites par le coaché sont autant d'éléments favorisant une nouvelle lecture du contexte.

Expérimenter de nouvelles modalités

À partir de cette analyse approfondie de la situation, le coaché et le coach peuvent envisager des scénarios de résolution. Comment aborder différemment ces réunions d'équipe où les relations tendues nuisent à l'installation d'un climat de confiance et empêchent l'expression d'idées nouvelles ? Pourquoi ne pas expérimenter telles modalités d'intervention inhabituelles, tel nouveau positionnement dans la salle ?

Les impacts de ces expérimentations seront appréciés de séance en séance. Certaines d'entre elles donneront des résultats intéressants, inattendus ou peu convaincants. Ce qui est mobilisé, par le biais d'une compréhension plus large de la situation et d'un regard extérieur, c'est la mise en circulation d'une nouvelle énergie.

Certains coachs aiment donner des exercices aux personnes qu'ils accompagnent, de sorte qu'elles poursuivent ces phases d'analyse et d'expérimentation.

De nouvelles interactions entre la personne et son environnement sont donc expérimentées. Elles ont un impact sur l'intéressé et le contexte, dans une dialectique subtile que coaché et coach s'appliquent à repérer ensemble. À partir de ces observations, une créativité renouvelée peut progressivement se mettre en forme.

Mise en place des indicateurs d'évolution

Observation, analyse, associations d'idées, interprétation, expérimentation de nouvelles modalités : une prise de distance, un regard neuf et un changement de positions émergent. Comment apprécier l'évolution à la fois de la personne et de la situation ? Quels sont les indicateurs qui permettront de mesurer le chemin parcouru ? Quels sont les éléments objectifs et subjectifs qui confirmeront la relance de la dynamique et la transformation en cours ? Ces points seront élaborés au fur et à mesure du travail d'accompagnement.

Par exemple, il peut s'agir, de la part d'un jeune encadrant qui a tendance à assumer des tâches ne relevant pas de son niveau de responsabilité, de l'observation d'une délégation plus régulière de certaines tâches à ses collaborateurs. Les indicateurs objectifs s'expriment à travers la satisfaction des membres de son équipe de bénéficier de plus d'autonomie et de confiance. Le jeune encadrant, de son côté, réalise qu'il a récupéré du temps pour s'engager dans le cœur de sa mission et qu'il peut aider ses collaborateurs à progresser au lieu de s'obstiner à faire à leur place.

La phase de bilan avec le coaché et l'entreprise

Revisiter les différentes phases de l'accompagnement

Le travail d'accompagnement arrive à son terme et il est temps de fermer la boucle. Faire le bilan, ensemble, de cet accompagnement est un moment fort et nécessaire. Il s'agit de rappeler le contexte dans lequel cette rencontre a eu lieu, les différentes étapes de l'accompagnement et les objectifs tels qu'ils avaient été définis au départ.

Mieux comprendre ce qui s'est joué entre coaché et coach

Il est aussi très utile de revenir sur la tonalité relationnelle initiale entre le coaché et le coach et la façon dont celle-ci a évolué, sur les moments forts de l'accompagnement, de se rappeler tel événement, réaction ou incompréhension réciproque qui a nourri le travail en commun et facilité l'accès à un nouveau niveau d'interprétation. Quels ont été les temps forts, les moments délicats, les blocages rencontrés ? L'examen attentif et sincère de ce lien, qui a été le vecteur du coaching, permet aux deux partenaires de récupérer ce qui leur appartient et de s'enrichir mutuellement de cette rencontre.

Apprécier l'impact du coaching sur la personne et son environnement

Un accompagnement s'effectue sur six à douze séances en moyenne, au rythme d'une fois tous les mois environ. Cette durée permet d'apprécier les évolutions à la fois du coaché et de son environnement. Encore faut-il y prêter vraiment attention et en faire un objet d'observation et d'élaboration*.

Se rappeler les objectifs initiaux et les mettre en perspective avec la situation présente, c'est mesurer le chemin parcouru, bien sûr, mais aussi l'évolution des représentations* du coaché. L'ensemble de ces éléments permettra d'évaluer les objectifs atteints.

La réunion tripartite

Dans la plupart des cas, le coaching se terminera comme il a commencé, par une rencontre tripartite entre les différents acteurs : entreprise, coaché et coach. Qui peut, mieux que l'intéressé, parler du travail qu'il a effectué ? Cette présentation sera d'autant plus marquante qu'elle aura été préparée. Y seront présentés les éléments de bilan concernant le rappel des objectifs définis au départ, le déroulement du processus avec ses différentes phases, le vécu plus subjectif du coaché et les résultats obtenus.

Est-il nécessaire de rappeler que la transformation engagée se poursuivra au-delà de l'accompagnement et du bilan final ? Lorsqu'un coach rencontre une personne qu'il a accompagnée, plusieurs mois après la fin d'un travail, il n'est pas rare qu'il l'entende lui expliquer les nombreux changements qui se sont produits après le coaching.

Afin d'éviter d'éventuels malentendus, il est souhaitable que le coach informe l'entreprise le plus en amont possible de sa façon d'envisager la rencontre tripartite finale. Si l'on considère une démarche de coaching comme un processus visant l'autonomisation du coaché, la prise de conscience de sa dynamique personnelle et l'avènement de sa position de sujet* impliqué dans l'action, il devient évident que la réunion tripartite finale sera le lieu d'expression privilégié du coaché pour restituer son parcours, dans la responsabilité et l'autonomie.

Le coach est présent, en tant que témoin de ce parcours. Il s'agit d'un témoin plutôt silencieux même s'il peut être amené à commenter cette présentation, voire à la compléter. Comme nous l'avons déjà évoqué précédemment, la plupart des éléments travaillés dans l'accompagnement seront passés sous silence. Si le coach n'est pas capable de tenir la confidentialité sur ce point, il est urgent qu'il pense à changer de métier.

Les enjeux d'un coaching en fonction des étapes de vie

Si ce processus se déroule de façon assez systématique, quels que soient les contextes et les objectifs visés, les enjeux d'un accompagnement ne sont pas les mêmes pour une personne selon l'étape de vie dans laquelle elle se trouve. C'est un aspect du travail auquel le coach doit être attentif, car la réussite d'un accompagnement est liée à cet équilibre spécifique qu'il s'agit de trouver en fonction des enjeux spécifiques à chaque âge.

Le grand chambardement hypermoderne

Si la métaphore des saisons a longtemps été utilisée pour décrire les différentes étapes de vie, le grand chambardement hypermoderne[1] a redistribué les cartes en quelques décennies. L'enfance est raccourcie au profit d'une adolescence précoce, qui elle-même n'en finit pas de s'étirer. Les études se prolongent et l'entrée dans la vie active est de plus en plus tardive, bien que l'âge de la majorité soit passé de vingt et un à dix-huit ans.

Dans les pays riches, les conditions actuelles de la protection sociale fixent l'arrêt du travail entre soixante et soixante-cinq ans et, dans le même temps, l'allongement de l'espérance de vie progresse de façon spectaculaire, faisant émerger un nouveau groupe de personnes dites du quatrième âge. En résumé, l'entrée dans la vie adulte est décalée dans le temps et l'on devient vieux de plus en plus tard !

Parallèlement, les qualités de la vieillesse semblent abandonnées au profit de celles d'une jeunesse éternelle, et la sagesse sereine des anciens n'est plus autant recherchée. Dans les entreprises, on cherche sans succès les plus de cinquante-cinq ans, ce qui fait peser sur les épaules des plus jeunes des responsabilités auxquelles ils ne sont pas toujours préparés.

---

1. Martine Fournier (dir.), *op. cit.*

Pourtant, l'idéal de maturité reste très actuel. Différentes enquêtes réalisées sur cette question font émerger trois termes qui le définissent : l'expérience, la responsabilité et l'authenticité[1]. Avoir de l'expérience, ce n'est pas avoir tout vu ou tout fait, c'est au contraire être capable de faire face aux situations nouvelles de façon distanciée, d'interpréter l'histoire en train de se dérouler. Être responsable, c'est bien sûr l'être de ses propres actes, mais aussi se sentir responsable pour autrui, avoir conscience d'avoir des devoirs et des obligations même envers ceux qui n'ont rien demandé et dont on n'est pas directement responsable. Être en mesure de s'occuper des autres, qui est un trait parental, semble considéré comme une caractéristique de l'adulte même s'il n'est pas parent. Enfin, être authentique engage à devenir ce que l'on est, pour reprendre la formule consacrée. Identifier sa singularité, l'accepter et la vivre semble faire partie du programme de *l'être adulte*.

Comme l'indiquent les philosophes Éric Deschavanne et Pierre-Henri Tavoillot dans leur ouvrage consacré aux âges de la vie[2], l'adulte est celui qui s'est réconcilié avec le monde, avec les autres et avec lui-même. On comprend que ce programme chargé demande du temps, de la patience et que l'atteinte de ces objectifs ambitieux soit souvent aléatoire !

Les étapes de vie

Dans les processus d'accompagnement, on retrouve des constantes. Comme nous l'avons déjà évoqué, le coaching s'est développé autour des problématiques des dirigeants. Les coachs ont donc acquis leur expérience en accompagnant des problématiques de mi-vie avec de forts enjeux d'équilibre entre investissement professionnel et réalisation personnelle.

Aujourd'hui, la clientèle des coachs s'est diversifiée. Ils accompagnement des jeunes à des moments de choix d'orientation ou d'entrée

---

1. *Ibid.*
2. Éric Deschavanne, Pierre-Henri Tavoillot, *Philosophie des âges de la vie*, Grasset, 2007.

dans la vie professionnelle, des adultes en phase d'évolution ou de repositionnement professionnel, ou des seniors amenés à quitter le monde de l'entreprise et qui cherchent de nouveaux investissements où ils pourront continuer à jouer un rôle actif, à transmettre et à servir la collectivité.

Les enjeux de ces grandes étapes de vie ne sont évidemment pas les mêmes, et le coach doit pouvoir adapter sa posture et ses modalités d'intervention à chacune d'entre elles. Chaque étape est à considérer comme une étape de croissance, liée à la précédente, mais dans un registre qui n'est pas forcément celui de la répétition ni même de la continuité. Nous allons nous attarder sur les enjeux de chacune de ces étapes de vie, sur le plan de la réalisation professionnelle. De nombreux aspects de la vie des personnes sont mobilisés lors de ces différentes étapes et les changements qui s'opèrent sont plus larges que ceux que nous citerons.

Les jeunes

Pour les jeunes face à un premier choix de formation et de métier, ou qui entrent dans la vie professionnelle, il est question de trouver d'une part des ancrages et d'autre part une perspective. Ces deux pôles sont bien sûr en lien avec leur dynamique propre mais aussi avec l'histoire de leur famille. Il s'agit pour eux de trouver leur place dans un groupe social élargi, et ce positionnement personnel s'opère souvent par un dégagement d'avec les investissements parentaux dont ils ont été l'objet.

Dès l'enfance, ces jeunes vivent aujourd'hui de fortes pressions. Les choix d'études se font par valorisation de telle ou telle filière plutôt que par choix personnel, ce qui contribue à décentrer ces jeunes et à les éloigner d'eux-mêmes. Ils entendent plus parler des attentes du marché qu'ils n'apprennent à se connaître et à identifier les orientations qui leur conviendraient véritablement[1].

---

1. Reine-Marie Halbout, « Psychologie, connaissance de soi et orientation », *Psychologues et Psychologies*, n° 197-V, décembre 2007.

Apprendre à se servir de leur propre boussole afin de trouver leurs points de repère, identifier les ressources sur lesquelles ils peuvent s'appuyer pour avancer, choisir des orientations qui font sens et nourrissent leurs valeurs... autant de thèmes sur lesquels peut porter un accompagnement. Le coach sera attentif à renforcer les atouts de ces jeunes qui ont peu l'habitude de réfléchir sur eux-mêmes et de s'accorder de la valeur. Il pourra ainsi les aider à démêler les fils souvent embrouillés de leur motivation, des représentations* parentales et familiales, et de la réalité du marché.

Loïc ou le retour aux sources

Loïc est issu d'une famille de classe moyenne. Son père a connu une période de chômage très douloureuse durant plusieurs années et n'a jamais retrouvé un emploi équivalant à ceux qu'il avait exercés précédemment. Les parents de Loïc l'ont poussé à faire des études de comptabilité et de gestion, pour qu'il soit sûr de trouver du travail. Mais le destin rattrape Loïc, qui, après l'obtention de son diplôme, ne trouve pas d'emploi !

Depuis toujours, Loïc est passionné par la cuisine. Enfant, il passait tous ses étés à aider ses grands-parents maternels, qui tenaient un bar-restaurant en province. Quand on le questionnait sur ce qu'il voulait faire plus tard, la réponse ne changeait jamais : cuisinier.

Il lui faut traverser une période aride de difficultés, de doutes, accompagné par un coach, avant qu'il accepte d'aller revisiter le bar-restaurant de ses grands-parents et son projet initial, pour se l'approprier de nouveau et le transformer. Loïc s'oriente alors vers une formation en alternance (pour être autonome financièrement) préparant aux métiers de l'hôtellerie et de la restauration. Il a enfin trouvé sa voie et il est embauché avant la fin de ses études...

Les adultes

Évoluer ou se repositionner sont des préoccupations classiques de l'âge adulte. Un premier parcours a eu lieu, plus ou moins satisfaisant, qui a permis à l'adulte de mettre en jeu une partie des potentialités qui sont les siennes. Faire le point sur ses expériences et en tirer un enseignement peut faire partie d'une première étape de réflexion.

Il s'agit ensuite d'élargir les préoccupations initiales en prenant en compte des domaines qui avaient été négligés jusque-là. La mi-vie* est un moment de remise en cause. Les valeurs d'hier ne sont plus tout à fait celles d'aujourd'hui et les adultes vont souvent devoir accepter de renoncer à une partie de leurs certitudes pour faire de la place à des valeurs qui avaient été négligées, voire écartées.

Si ce remaniement n'est pas pris en compte, il peut avoir des conséquences douloureuses pour la personne comme pour son entourage, et risque de se traduire par des ruptures brutales. Au fur et à mesure de sa croissance, l'adulte cherche à réaliser des potentialités plus larges, voire d'une nature très différente de ses orientations de départ. Tenir ensemble ces opposés fait partie des modalités spécifiques de l'âge adulte.

De même, l'adulte cherche à devenir lui-même, comme nous l'avons déjà évoqué. Devenir soi-même, se différencier des valeurs collectives, faire vivre sa spécificité tout en restant lié à la communauté, explorer de nouveaux domaines ou un nouveau métier : ce sont souvent ces problématiques complexes que le coach sera invité à accompagner.

Arnaud ou le goût de l'aventure

À quarante-neuf ans, Arnaud est pris entre deux feux : objectivement, il pense avoir réussi sa vie professionnelle (bonnes études, métier intéressant dans la banque, salaire très confortable) ; subjectivement, dans ce même travail où il a si bien réussi, il vit un ennui qui ne cesse de croître depuis quelques années. La situation devient à ce point insupportable pour lui et ses proches qu'il décide de faire le point.

La question de l'ennui est centrale et le coach la juge passionnante. Depuis quand Arnaud est-il englué dans cet ennui ? À quelles périodes de sa vie professionnelle ne s'est-il pas ennuyé ? Les souvenirs d'Arnaud reviennent. Il se remémore les périodes où il était envoyé en renfort, à l'étranger, dans des établissements bancaires du groupe pour des missions de sauvetage. Il restait deux ou trois ans sur place puis repartait pour une autre destination lointaine. Les équipes étaient de petite taille, multiculturelles, sans protocole. Il y avait de l'inconnu, du risque… de la vie. Arnaud s'anime, s'enflamme : « C'était le bon temps. » Puis sont venus les signes de reconnaissance de la part de son employeur après

> cette période nomade : un poste au siège, un titre ronflant, des équipes importantes à diriger (« Quelle barbe ! »), et l'ennui. En fait, Arnaud réalise qu'il ne supporte pas la routine, les cravates, les déjeuners, la tête de ses collègues le lundi matin, le quotidien de sa vie de banquier.
>
> Pour retrouver ce qui fait le sel de sa vie – le rythme, la diversité des rencontres, l'inconnu, l'action sur le terrain –, Arnaud va devoir faire des choix, sans pour autant reprendre sa vie d'antan. Ce ne sera pas l'étranger, car son épouse a retrouvé une activité professionnelle et elle ne souhaite pas déménager de nouveau tous les deux ans, et puis ses enfants font des études en France.
>
> Arnaud cherche, explore diverses options, en parle à un ancien collègue qui a créé son cabinet de conseil. Il creuse cette piste, qui se révèle riche de possibilités. Arnaud est tenté de tout laisser tomber pour le rejoindre. Son coach lui propose de temporiser et d'élargir ses recherches. Arnaud rejoint finalement une petite structure de conseil, filiale d'un groupe international. Il y retrouve des missions intenses, à forts enjeux, une équipe multiculturelle, avec des relations peu hiérarchisées. Il a pris le risque de quitter son poste pour renouer avec ses sources d'énergie, se trouver enfin.

Les seniors

Le contexte économique actuel oblige souvent les seniors à quitter les entreprises, alors qu'ils sont à l'apogée de leur maturité professionnelle et personnelle, sans avoir pu véritablement transmettre aux plus jeunes le fruit de leurs expériences[1]. Pour eux, il s'agit de rassembler tous les aspects d'un parcours afin d'en repérer le sens et la dynamique sous-jacente.

Ce mouvement de reprise de l'ensemble d'un parcours s'accompagne souvent d'une phase de deuil des projets et des espoirs. Pour continuer d'avancer, il est nécessaire de renoncer à un certain statut social, à une position professionnelle valorisante, à un réseau donné lié à l'exercice d'une profession.

---

1. Reine-Marie Halbout, Valérie Dorgueilh, *Accompagnement individuel avec l'Inventaire typologique de développement de Golden*, ECPA, 2006.

Les seniors doivent trouver une nouvelle place dans la communauté, rester en lien avec les autres, dans une position qui est souvent en rapport avec la transmission, l'accompagnement et le soutien des plus jeunes, tout en accordant une large place à leur processus de développement intérieur.

La question de la créativité se pose de façon pleine et entière dans cette étape de vie comme dans les phases précédentes. Relier les différentes étapes d'une vie, en voir émerger le sens, s'ouvrir à des intérêts inattendus, s'autoriser de nouveaux apprentissages, faire plus de place à l'imprévu, au temps vécu, selon un rythme plus personnel, en dehors des contraintes extérieures, sont autant de thématiques à explorer dans le cadre des accompagnements de seniors.

Claire ou le temps retrouvé

Claire dirige le cabinet en marketing qu'elle a créé il y a vingt ans. À soixante ans, elle est reconnue par une clientèle de dirigeants qui font régulièrement appel à elle. Son cabinet marche bien et, après une vie professionnelle intense, Claire envisage de travailler encore quelques années pour rester dans le champ de ses intérêts en profitant de sa notoriété.

Suite à un accident banal, une chute dans la rue alors qu'elle était en retard à un rendez-vous professionnel et qui lui occasionne une entorse, Claire se demande si elle ne fait pas fausse route. Elle décide de s'engager dans un coaching pour prendre le temps de la réflexion. Après quelques séances, elle décide d'arrêter son activité pour vivre autrement. Elle aménage une petite maison qu'elle possédait au bord de la mer et s'y installe.

Désormais, Claire se consacre à une passion ancienne qu'elle avait peu le temps de pratiquer : la peinture. Elle rejoint la chorale de la petite ville où elle habite, y noue des liens d'amitié nombreux et mène une vie très sportive, proche de la nature. Elle a gardé un pied-à-terre à Paris, où elle se rend régulièrement pour voir des amis et visiter des expositions. Elle voyage souvent pour aller voir ses enfants et ses petits-enfants qui vivent à l'étranger, et quand elle parle de sa retraite, elle évoque le temps retrouvé, à l'intérieur comme à l'extérieur.

Dans ce chapitre consacré au déroulement d'un coaching à travers ses différentes étapes et aux problématiques spécifiques que le coaché peut rencontrer à différentes étapes de vie, on voit bien la complexité d'un accompagnement. Le praticien tient ensemble tous les fils du contexte d'un coaching et des objectifs visés dans le cadre du processus d'accompagnement. Il est aussi attentif à la période de vie, avec ses enjeux spécifiques, de la personne qu'il accompagne.

Nous verrons qu'il doit rester vigilant sur ses propres référentiels théoriques et sur les outils qu'il utilise, et constamment attentif à rester dans la posture juste, c'est-à-dire une posture clinique, consciente, impliquée, ouvrant au coaché les voies de son propre développement. C'est ce tissage continu qui donne de l'étoffe à l'accompagnement et en fait un processus de transformation.

Chapitre 6

Référentiels théoriques, démarches et outils

Ce chapitre va nous permettre d'explorer les ressources théoriques et méthodologiques que le coach peut exploiter dans l'exercice de son activité. Les jeunes praticiens sont très friands de démarches ou d'outils. Ceux-ci peuvent effectivement leur apporter des points d'appui sous réserve qu'ils soient utilisés comme des supports, des révélateurs, et non mis au centre de la relation d'accompagnement.

Par ailleurs, ces démarches et outils apparaissent généralement au premier plan par rapport à l'arrière-plan qu'est le référentiel théorique. Ces différents plans s'imbriquent comme les différentes parties d'un télescope et forment une partie de l'identité professionnelle du praticien. Référentiels théoriques, démarches et outils le nourrissent, le soutiennent dans ses interventions et l'engagent dans un processus d'apprentissage et de remise en cause permanents.

Rappelons que le coach est son principal outil de travail, d'où la nécessité de travailler sur lui-même et de se questionner en profondeur sur son positionnement. L'idée d'une posture clinique a déjà été évoquée dans le chapitre consacré à l'hygiène du coach. Sa façon d'utiliser un support de travail va influer sur la relation, sur le coaché et sur lui-même.

Le rapport du coach à ses ressources méthodologiques : une évidence ?

Les modalités des accompagnements proposés par les coachs dépendent généralement de leur histoire, de leur contexte culturel, de leur parcours de formation et de leur expérience de l'accompagnement. Ces praticiens feront un usage d'autant plus fructueux de ces ressources qu'ils seront conscients de la relation qu'ils entretiennent avec elles, et de la façon dont elles nourrissent leur rapport au monde, aux autres et à eux-mêmes. Cette attitude consciente va dans le sens d'une pratique réflexive, telle que la décrit le psychosociologue et coach Dominique Jaillon[1].

Nous allons donc distinguer ici les référentiels théoriques, les démarches et les outils qui sont des niveaux bien distincts, des ressources à la disposition du coach, et qui façonnent son identité. De même qu'il est engagé dans une démarche de connaissance de lui-même, il est souhaitable que le coach soit aussi conscient de son identité professionnelle. Différentes questions peuvent donc se poser à lui : quels sont mes référentiels théoriques ? Quelles sont les démarches que j'utilise ? Et, enfin, quels outils ai-je l'habitude d'employer dans ma pratique ?

Le choix des termes référentiels théoriques, démarches et outils correspond à une tentative de structurer les arrière-plans théoriques, les approches méthodologiques ainsi que les ressources concrètes des praticiens de l'accompagnement. Il est en partie insatisfaisant, car il ne peut rendre compte des recouvrements entre ces différents plans. Il représente une tentative de « classement » pour penser ces différents niveaux.

De même, il ne s'agit pas ici de recenser les différentes méthodes de coaching et de démontrer la supériorité de telles ou telles approches par rapport à d'autres, mais plutôt d'éclairer leurs apports spécifiques et l'orientation particulière qu'elles donnent à un travail d'accompa-

---

[1]. Dominique Jaillon, « Pour un praticien réflexif et congruent », dans *Coaching professionnel : quelles spécificités ?, op. cit.*

gnement, en fonction de leurs présupposés théoriques et de leurs modalités pratiques.

Enfin, dans de nombreux ouvrages, des informations sont données sur les méthodes et les outils habituellement utilisés dans le coaching. Ces approches « traditionnelles » seront ici rapidement évoquées, mais une part significative de cette présentation évoquera des démarches plus rarement citées, ou qui sont utilisées par les professionnels de l'accompagnement depuis peu de temps.

Les référentiels théoriques

Depuis que le coaching est pratiqué en France, il a été inspiré et nourri par plusieurs courants issus des champs de la relation d'aide. Ces « sources » sont décrites de façon complète dans le « Que sais-je ? » consacré au coaching rédigé par Pierre Angel et Patrick Amar[1]. Le lecteur pourra s'y reporter s'il souhaite creuser cette question. Nous avons repris ici en partie la trame de présentation de leur ouvrage, ce qui nous donnera l'occasion d'évoquer succinctement le paysage des référentiels théoriques auxquels les coachs ont l'habitude de se référer.

La psychanalyse

Faire référence à la psychanalyse dans le coaching, c'est penser l'homme dans sa complexité, considérer les tensions et les conflits entre les positions conscientes et les dynamiques inconscientes, être attentif aux mécanismes de défense* et repérer les mouvements de projection*, toujours très présents dans les jeux relationnels. C'est aussi prendre en compte l'homme dans son histoire individuelle, avec son passé infantile, et dans son histoire familiale et collective.

Différents courants psychanalytiques peuvent servir de cadres de référence. Si les approches freudienne et lacanienne sont très souvent à la base du travail des praticiens en France, il est intéressant de relever les apports de l'école anglaise, avec notamment les travaux des

---

1. Pierre Angel, Patrick Amar, *Le Coaching, op. cit.*

psychanalystes Donald Winnicott et Wilfred Bion. Un courant inspiré des travaux de Carl Gustav Jung émerge actuellement dans les démarches d'accompagnement, porté par des concepts particulièrement pertinents sur les questions de la recherche du sens, du développement aux différentes étapes de vie telles que nous les avons évoquées dans le chapitre précédent, et de visée de réalisation de soi.

L'homme de la psychanalyse est toujours engagé dans un conflit psychique, où les mouvements souvent contradictoires de la nature et de la culture sont à la fois sources d'énergie et de frein. L'analyse du transfert*, en tant que dynamique de réactualisation des conflits infantiles qui s'animent autour d'une situation actuelle, et du contre-transfert* y joue le rôle clé de révélateur.

Le coach qui fait référence à la psychanalyse est dans une position d'écoute, de disponibilité à ce qui va surgir et ouvrir pour le coaché un nouvel espace de compréhension. L'exploration des sentiments ou représentations* jusque-là inconscients, et qui peuvent progressivement émerger dans l'espace de la relation transférentielle, ramène des matériaux riches d'enseignements pour élargir la connaissance de soi, la relation à l'autre et favoriser l'émergence d'un désir porté et assumé par la personne.

Les théories humanistes

Elles naissent au cours des années 1930, à la fois dans la filiation et la remise en cause de l'approche psychanalytique « orthodoxe », et dans la contestation du mouvement comportementaliste en plein essor. La psychanalyse décrit un homme habité par un conflit psychique constant, en proie à des pulsions qui l'animent à son insu et le dépassent, alors que le comportementalisme s'enferre dans la vision d'un homme réduit à une relation causale de type stimulus/réponse.

L'approche humaniste insiste sur une vision de l'homme en quête d'une plus grande réalisation de soi et dont le potentiel demande à être développé. Pour Carl Rogers, un des principaux tenants de ce courant, la personne est fondamentalement bonne et tend vers son plein épanouissement si les conditions sont réunies, c'est-à-dire si elle reçoit une considération positive inconditionnelle.

Les représentants de la psychologie existentialiste, Victor Frankl par exemple, ont apporté des contributions importantes à ces théories humanistes en empruntant ses concepts fondamentaux à la philosophie du même nom. La quête de sens y est centrale, et c'est la volonté et le choix qui donnent à l'homme un espace de liberté et une capacité d'influer sur son destin.

Le coach qui s'appuie sur les théories humanistes met en pratique cette présomption de compétences, de capacités et de potentiel à développer chez la personne qu'il accompagne. S'il évite l'écueil d'une trop grande naïveté, le coach peut être amené à comprendre et à partager la problématique de l'autre, humaine avant tout, et qui le touche et le concerne tout autant qu'elle concerne l'autre.

C'est cette attitude de confiance en l'autre et en soi-même, d'empathie, qui fonde le travail de co-construction à l'œuvre dans le processus d'accompagnement, en même temps qu'elle suscite la responsabilité du coaché à se prendre en charge et à exercer son libre arbitre. La notion d'alliance est très importante dans ce type de travail, car elle crée les conditions propices à l'émergence de l'inspiration et de la force nécessaires à la transformation, dans la réalisation de soi.

L'approche systémique

Elle émerge dans les années 1950, sous l'influence des deux courants que sont la théorie générale des systèmes et la cybernétique. L'approche systémique appréhende la personne dans ses interactions avec les autres et plus généralement avec son environnement. L'interaction fonde la notion de « système » qui a ses caractéristiques propres de fonctionnement et de changement : rétroaction, *feed-back*, homéostasie… L'approche systémique invite à penser selon des modalités globales, circulaires, très différentes d'une pensée analytique notamment. La communication y joue un rôle essentiel, car elle est le véhicule des interactions.

Au cœur de ce courant, l'école de Palo Alto, avec Gregory Bateson et Paul Watzlawick, a initié le mouvement des thérapies familiales et, plus tard, celui des thérapies brèves, en appliquant leur nouvelle théorie de la communication à des contextes de pathologies familiales.

La spécificité de l'approche systémique suggère un déplacement de l'intérêt du praticien de l'individu vers les contextes dans lesquels il interagit. Dans une perspective d'accompagnement thérapeutique ou professionnel, le praticien va donc s'écarter d'une vision limitée, centrée sur le client et sa problématique, pour le replacer dans une perspective plus globale et interactionnelle. Ce faisant, il élargit et renouvelle les représentations possibles tant des problèmes rencontrés que des objectifs de la personne accompagnée. La pratique systémique s'oriente vers la recherche et la mobilisation des moyens qui aident la personne à faire évoluer ses interactions dans le sens de ses objectifs.

L'approche systémique repose sur un paradigme constructiviste, c'est-à-dire que le sujet y est acteur et constructeur de sa réalité, celle-ci étant définie comme une construction mentale qui guide les actions. Le travail d'écoute et de questionnement du coach lui permet de repérer la façon dont son client construit sa réalité et si cette conception favorise la mobilisation de ses énergies. Dans le cas contraire, le coach peut proposer un recadrage dont l'impact modifiera les modalités d'interaction de la personne avec son environnement et donc la réaction de l'environnement.

Les développements des théories du constructivisme social vont influencer l'approche systémique et les praticiens de l'école de Palo Alto. Avec les travaux de Steve de Shazer, une pratique singulière émerge ; on parle avec cette nouvelle perspective d'approche systémique centrée sur les solutions. Celle-ci invite le professionnel à passer d'une pratique fondée sur la « résolution de problèmes » à une pratique « centrée sur les solutions ». L'accompagnement est conçu comme un espace de coconstruction entièrement dédié à la construction de solutions. Ce référentiel est présent dans le *Coaching Orienté Solution*®[1], modèle développé par Philippe Bigot.

---

1. Philippe Bigot, *Coaching Orienté Solution*®, 2ᵉ édition, Eyrolles, 2014.

Le coach qui utilise le référentiel systémique dans sa pratique sera toujours attentif à inscrire l'individu avec lequel il travaille dans un système d'appartenance plus large et complexe. Cette grille de lecture lui ouvrira des perspectives de compréhension des modes de fonctionnement d'une équipe et facilitera des modalités d'intervention articulant accompagnement individuel et accompagnement de groupe.

Les thérapies brèves

Sous l'influence de praticiens comme Milton Erickson, les thérapies brèves ont émergé dans les années 1970 à partir du courant des thérapies systémiques. Pour réduire le temps de thérapie, l'intérêt est porté sur le « comment » de la résolution du problème, plutôt que le « pourquoi » de ce problème.

L'intitulé « thérapies orientées vers les solutions » s'inscrit dans cette préoccupation de recherche de solutions à partir d'une conception très pragmatique de la prise en charge et de l'expérimentation immédiate de ce qui permet un soulagement, une amélioration de la vie de l'intéressé. Le patient est considéré comme un expert et associé étroitement à un processus prenant en compte le contexte familial, socio-culturel et économique dans lequel il évolue.

Définition du problème, accord sur l'objectif, identification des ressources du patient pour faire émerger de nouvelles perspectives et mise à disposition des outils du thérapeute dans une visée de co-élaboration* des solutions sont les éléments de méthodologie présents dans les thérapies brèves.

À la lecture de ce dispositif, on perçoit la proximité entre thérapie brève et coaching, notamment en ce qui concerne les modalités de travail induites en partie par la durée relativement courte d'un coaching. Le praticien accompagnera son client dans une prise de conscience de la situation dans laquelle il se trouve, tout en lui proposant d'autres modalités de lecture possibles. L'alliance créée entre les deux protagonistes permet de relancer une dynamique créative chez le client, qui s'implique et identifie des ressources nouvelles pour dépasser les difficultés rencontrées.

La thérapie existentielle

Dans la filiation des théories humanistes, la thérapie existentielle commence à se faire connaître dans l'Hexagone, grâce notamment aux ouvrages du psychiatre américain Irvin Yalom. Ces livres sont des essais théoriques pour certains d'entre eux, comme son texte de référence *Thérapie existentielle*[1] et d'autres, de facture plus romanesque. Ils font découvrir la pratique de la thérapie existentielle à travers le récit de cas romancés où le thérapeute travaille avec son patient, selon des modalités individuelles ou de groupes, à la frontière des courants philosophiques et thérapeutiques.

L'origine de la thérapie existentielle nous intéresse particulièrement car elle puise ses racines dans les courants philosophiques les plus anciens, comme ceux de Socrate, de Platon, d'Aristote et d'Épicure. Elle reprend à son compte les grandes questions existentielles que les philosophes, jusqu'aux plus contemporains, se sont posés et ont cherché à résoudre. Pour ce qui est des influences philosophiques, les courants phénoménologiques d'Edmund Husserl et de Martin Heidegger, et ceux de l'existentialisme de Jean-Paul Sartre ont été déterminants dans l'élaboration des fondements de la thérapie existentielle. Du côté de la psychothérapie, les noms de Ludwig Binswanger, Karl Jaspers, Medard Boss, Victor Frank et Rollo May restent les référents.

Comme ses ancrages philosophiques en témoignent, la thérapie existentielle est une approche dynamique qui s'intéresse aux enjeux profondément enracinés dans l'existence humaine. Nous sommes tous amenés à nous confronter à la mort, la solitude, la difficulté à exercer notre responsabilité et vivons régulièrement la perte du sens dans nos vies alors que, comme tous les êtres humains, nous aimons nous bercer de l'illusion d'une vie qui ne connaîtrait pas de fin, de la possibilité d'être pris en charge par autrui, d'un droit à la liberté qui s'exercerait sans la responsabilité qu'elle suppose et d'une vie saturée de sens. On voit à quel point l'écart est grand entre nos aspirations et les réalités de nos vies. « La thérapie existentielle se fonde sur un

---

1. Irvin Yalom, *Thérapie existentielle*, Galaade Éditions, 2012.

modèle psychopathologique postulant que l'angoisse [qui en découle] et ses conséquences inadaptées constituent des réponses à ces quatre enjeux ultimes[1]. »

On voit bien comment ces questions existentielles, qui se vivent dans l'intimité de nos histoires singulières, mais aussi dans ses interactions sociales et collectives, peuvent trouver leur place dans les problématiques abordées dans les accompagnements professionnels de type coaching. Comment accepter d'être incomplet, limité et vulnérable, d'avoir besoin des autres autant qu'ils ont besoin de nous, de porter le poids de la responsabilité de nos vies au lieu de le faire porter à des tiers, et enfin de trouver du sens, et ce alors que les institutions tutélaires se sont effondrées ?

Voici des questions existentielles que tous les coachs sont invités à se poser et à travailler avec leurs clients. Il y a fort à parier que dans un avenir proche, la thérapie existentielle sera l'une des grandes tendances dans les référentiels théoriques du coaching.

L'approche cognitive

Inspirée par les travaux de Jean Piaget puis ceux d'Aaron Beck, dans les années 1960, l'approche cognitive s'intéresse à l'activité mentale d'un sujet dans ses relations avec la perception, les pensées et l'action. L'analyse des processus par lesquels l'individu acquiert des informations sur lui-même et son environnement, du traitement qu'il opère de cette information, et des conséquences de celui-ci sur son comportement est au centre de cette approche.

Un des objectifs des thérapies cognitives est l'identification de la pertinence d'émotions, de pensées (cognitions) et de comportements dont le patient fait l'expérience, pour lui permettre, s'ils sont inadéquats, une meilleure adaptation à son environnement.

Les distorsions cognitives peuvent générer une compréhension erronée de la situation et entraîner des comportements inadaptés, sources de souffrance pour la personne. Le coach qui fait référence à

---

1. *Ibid.*

l'approche cognitiviste est amené à signaler à son client ses modes de fonctionnement inadéquats et, à travers l'exploration de modalités perceptives différentes, à l'ouvrir à d'autres perspectives. Prendre du recul par rapport à la situation afin de devenir conscient des émotions qu'elle provoque et changer d'angle de vue sont des modalités de travail courantes.

Dans le coaching, l'approche cognitive favorise l'instauration d'un contrat clairement établi entre les deux partenaires, sur un mode de collaboration interactive où la relation du client avec le monde est questionnée afin d'être remaniée dans une visée plus harmonieuse et constructive.

Les démarches théorico-pratiques

À la croisée des référentiels théoriques et des outils, certaines démarches sont très fréquemment utilisées par les coachs. Il s'agit de l'analyse transactionnelle, de la Gestalt (qui fait aussi partie des théories humanistes) et de la programmation neurolinguistique. Ces approches offrent un cadre d'analyse théorique et des outils « pratiques » qui ont naturellement trouvé leurs modalités d'utilisation dans les démarches d'accompagnement de type coaching.

L'analyse transactionnelle

Inventée dans les années 1950 par Eric Berne, l'analyse transactionnelle est d'inspiration humaniste. Influencée par la psychanalyse, dont son fondateur était issu, et le comportementalisme, qui imprégnait fortement la culture anglo-saxonne de l'époque, elle est une démarche pragmatique visant un développement plus harmonieux de la personne avec son environnement.

Il s'agit de favoriser l'autonomie de la personne, de l'aider à interagir plus librement avec son environnement, en se dégageant des modèles intégrés dès l'enfance et qui peuvent inhiber à la fois les modalités perceptives et les comportements. Les « états du moi* : parent, adulte ou enfant », les « scénarios de vie », les « jeux psychologiques » et les « positions de vie » sont les principaux concepts de l'analyse transactionnelle.

Dans le coaching, ils donnent l'occasion au coach de mobiliser un ensemble de concepts et d'outils apparemment simples et donc accessibles au coaché, notamment pour favoriser sa compréhension de ses modalités de communication et des enchaînements interactifs qu'elles suscitent.

La Gestalt

Fondée dans les années 1950 par Fritz Perl, elle se situe dans une perspective à la fois existentialiste et phénoménologique. Avec une conception holistique de l'être humain, elle vise l'intégration des différentes dimensions de l'être, aussi bien psychique, corporelle, sociale que spirituelle. En mettant l'accent sur la prise de conscience de ce qui est en train de se vivre dans l'ici et maintenant, la Gestalt vise le rétablissement d'un rapport plus satisfaisant au monde, aux autres et à soi-même.

À partir de ce qui émerge pour le sujet, dans la relation avec le praticien par exemple, la Gestalt propose une recherche nouvelle d'expérimentation de solutions d'interactions en faisant largement appel à la métaphore et aux symboles. Il s'agit de développer une capacité de créativité renouvelée débouchant sur de nouvelles modalités relationnelles avec l'environnement.

Dans le coaching, l'exploration de ces pistes réhabilite le ressenti émotionnel et corporel du coaché. De même l'utilisation de matériaux symboliques ouvre des perspectives plus riches et plus complexes favorisant un sentiment d'unité et d'intégrité de la personne. Enfin, le travail sur la relation entre le coach et son client suscite une prise de conscience par ce dernier des conditions nécessaires à l'établissement d'une alliance relationnelle réussie, où chacun est impliqué du début à la fin de la rencontre.

La programmation neurolinguistique (PNL)

Créée en 1973 par John Gringer et Richard Bandler, elle est le fruit de l'observation de thérapeutes reconnus, dont les résultats ont permis de modéliser des outils ayant pour finalité de faciliter la communication, les apprentissages et les performances. Un certain syncrétisme caractérise la PNL, qui intègre de nombreux courants, comme les théories humanistes et cognitivistes, l'approche systémique, la cybernétique et la linguistique.

Le but du praticien ou du coach qui utilise la PNL est la création des meilleures conditions pour permettre à l'autre de réaliser ses objectifs. Il s'agit de permettre au client d'appréhender au plus juste son système de perception et d'interprétation de la réalité et d'établir une alliance relationnelle performante, notamment en favorisant l'apprentissage des techniques de synchronisation corporelle.

Dans le coaching, où la définition précise de l'objectif et sa cohérence avec le client est un élément central du processus, les outils de la PNL utilisés par le coach sont nombreux : identification des métaprogrammes, recadrage, associations et dissociations, métaphore, ancrage et activation des ressources.

Les approches collaboratives

Les pratiques narratives et les histoires de vie vont faire l'objet d'un développement spécifique, car elles sont encore peu connues par les praticiens de l'accompagnement, alors que leur richesse en fait des démarches particulièrement adaptées au coaching[1].

Les pratiques narratives

Appelées antérieurement « thérapies narratives », les pratiques narratives sont issues des travaux de Michael White et de David Epston, thérapeutes australiens. Elles existent depuis la fin des années 1980. Ces thérapeutes étaient particulièrement sensibilisés à la question de la diversité ethnique et culturelle. Proches du terrain et conscients des enjeux sociaux de leurs interventions, ils ont été soucieux de permettre aux individus, aux familles et aux groupes de se réapproprier leur histoire et de trouver leurs propres moyens de guérison.

---

1. Comme nous l'avons fait pour l'approche Coaching Orienté Solution®, nous indiquerons les références des organismes formant aux modalités d'interventions collaboratives dans ce chapitre et dans la bibliographie, car elles sont encore peu connues des praticiens.

Les pratiques narratives sont parfois décrites comme une approche sociopolitique. Leurs sources d'inspiration sont nombreuses : la philosophie critique française (Gilles Deleuze, Jacques Derrida et Michel Foucault), la psychopédagogie (Lev Vygotski, Jérôme Bruner), l'anthropologie culturelle (Gregory Bateson, Clifford Geertz, Barbara Myerhoff) et certains courants de la sociologie (Pierre Bourdieu)[1].

Malgré la diversité de ces courants, on peut voir se dégager quelques bases communes, à savoir une position critique par rapport à la norme, le discours dominant formulé comme une vérité et les diagnostics imposés de l'extérieur par des praticiens « autorisés ».

Les pratiques narratives mettent en avant la compétence du client pour comprendre et résoudre son problème, et se présentent comme une approche collaborative positionnant le client comme étant celui qui sait.

Elles s'inscrivent dans le « constructionnisme social qui considère que les valeurs, les croyances, les institutions, les coutumes, les étiquettes, les lois, etc. sont construites par les membres d'une culture, par leur interaction entre eux de génération en génération, de jour en jour, ce qui est bien sûr également valable pour l'entreprise. Ainsi cette démarche organise le monde de l'expérience, non plus en termes de systèmes ou de *pattern*, mais plutôt d'histoire et de sens[2] ».

Comme l'indique Martine Cerf et Émilie Devienne dans leur ouvrage consacré au coaching : « Les pratiques narratives s'intéressent avant tout à la façon dont les personnes et les groupes donnent du sens à leur vie et expriment ce sens par des constructions d'histoire[3]. »

---

1. www.pratiquesnarratives.com
2. Pierre Blanc-Sahnoun, « Démarche narrative », dans Pierre Angel, Patrick Amar, Émilie Devienne, Jacques Tencé, *Dictionnaire des coachings, op. cit.*
3. Martine Cerf, Émilie Devienne, *Envie de changer. Pratiques et théories du coaching*, Larousse, 2008.

Cette expression passe par le biais de narrations ou de cartographies métaphoriques. « Une fois les histoires exprimées par la personne, le praticien et d'éventuels témoins extérieurs font un travail de renarration au cours duquel ils enrichissent, remodèlent, renégocient l'identité définie par les précédentes histoires[1]. » Émergent alors les éléments particuliers, oubliés ou disqualifiés par le client, ce qui va lui donner accès à une autre compréhension de ses difficultés et développer son potentiel créatif.

Les pratiques narratives ont fait leur apparition dans le monde du coaching très récemment, auprès d'individus, de groupes ou de collectivités. On voit bien en quoi elles peuvent apporter des ressources intéressantes à l'ensemble des protagonistes. Impliqué dans cette approche collaborative, le coach donne à son client « la possibilité d'évaluer l'infinité de champs de solutions ouverts par les histoires alternatives qu'il découvre possibles, en réintégrant des événements éliminés de son histoire, car ils ne coopéraient pas au récit dominant concernant sa vie et son identité[2] ». Ce faisant, le coach travaille lui-même sur son histoire et son identité.

Apparues en France en 2003, les pratiques narratives font l'objet de séminaires de formation animés par des intervenants français et australiens. Ce sont Médiat-Coaching et la Fabrique narrative qui sont aujourd'hui les organismes de référence pour cette approche[3].

Les histoires de vie

Depuis une trentaine d'années, les histoires de vie se sont développées dans les champs des sciences humaines et sociales. Cette démarche s'inscrit plus généralement dans le courant de la sociologie clinique porté, entre autres, par Eugène Enriquez, Max Pagès et Vincent de Gaulejac[4]. Cette présentation s'appuie sur les travaux d'Anasthasia Blanché, cofondatrice de l'Institut international de

---

1. *Ibid.*
2. Pierre Blanc-Sahnoun, *op. cit.*
3. Médiat-Coaching, www.mediat-coaching.com. La Fabrique narrative : www.lafabriquenarrative.orp
4. Institut international de sociologie clinique, www.sociologieclinique-iisc.com

sociologie clinique, et d'Isabelle Nalet, cofondatrice du réseau Pluridis[1].

Le courant de la sociologie clinique affirme la primauté du sujet comme élément moteur des changements des organisations et des systèmes sociaux. À l'écoute de ce sujet, dans ses registres affectifs et existentiels, ses enjeux inconscients individuels et collectifs, ce courant cherche à démêler les nœuds complexes dans les rapports entre « l'être de l'homme » et « l'être de la société ».

La sociologie clinique s'inspire de différentes influences théoriques, telles que la sociologie de Bourdieu, la psychanalyse freudienne et la phénoménologie sartrienne. Elle s'appuie sur plusieurs principes :

- la nécessité d'une écoute plurielle, décloisonnant les disciplines pour appréhender la complexité telle qu'Edgar Morin la présente, c'est-à-dire dans le souci de mettre en évidence la complexité du monde et de l'homme et la façon dont sont tissés ensemble des éléments de nature différente qu'il est nécessaire d'aborder dans leurs interactions ;
- une articulation entre différents registres de l'individu, les contradictions entre ces registres étant prises comme analyseurs des conflits observés ;
- la primauté accordée à l'expérience vécue du sujet.

L'histoire d'une vie s'inscrit dans un mouvement dialectique existentiel, là où le sujet, confronté à de multiples déterminations biologiques, historiques, sociales, culturelles, idéologiques, familiales et psychiques, essaie de trouver du sens à son existence et tente de se construire en acteur de sa vie, en personne capable d'agir de façon relativement autonome sur son environnement. Vincent de Gaulejac résume en une phrase cette problématique complexe : « L'individu est le produit d'une histoire dont il cherche à devenir le sujet. »

Il est le produit d'une trajectoire sociale, inscrit dans un ordre généalogique déjà constitué, qui le surdétermine. C'est par un travail sur l'articulation des processus sociaux et des processus psychiques que

---

1. Réseau Pluridis, www.reseau-pluridis.fr

peut progressivement émerger ce qui constitue l'identité propre du sujet. Cette identité se construit dans un double mouvement de différenciation d'autrui (je suis un être singulier) et d'identification* (j'appartiens à ce groupe et je peux me reconnaître comme en faisant partie).

L'être humain se développe en intériorisant à la fois :

- ses différents groupes d'appartenance passés et présents ;
- les héritages qu'il a reçus (constitués d'un ensemble de valeurs, de rôles, de places ou de représentations*) ;
- ses groupes de référence, qui révèlent ses aspirations et les modèles auxquels il aspire à ressembler, en fonction de ce qu'il veut devenir.

En devenant conscient de ces différents registres, l'individu peut à la fois s'y retrouver et s'en dégager. Ce mouvement de dégagement facilite une distanciation entre ce qui relève de soi et ce qui appartient à autrui.

Dans le coaching, la démarche histoires de vie est centrée sur l'analyse de la trajectoire socioprofessionnelle. Elle donne la possibilité au coach d'explorer certaines dimensions présentes dans la relation d'accompagnement qu'il établit avec son client (rapport aux valeurs, au travail, à l'argent). Pour le coaché, elle est l'occasion de prendre conscience des déterminants de son histoire, afin de s'en dégager et de trouver de nouvelles marges de manœuvre dans son contexte professionnel[1].

L'ensemble du dispositif méthodologique crée les conditions pour que la personne accompagnée puisse recontacter son histoire et l'appréhender dans ses différentes dimensions, à la fois corporelles, émotionnelles, cognitives, psychiques, sociales et historiques.

Ce dispositif fait largement appel à la créativité par l'utilisation de supports verbaux et non verbaux (dessins, récits, expression corpo-

---

1. Anasthasia Blanché, Ginette Francequin, « L'orientation : entre déterminismes et libertés », *Revue internationale de psychosociologie*, n° 14, 2000.

relle, théâtre, sociodrame) qui permettent un va-et-vient entre deux mouvements :

- l'implication de la personne par le récit qu'elle fait de son histoire socioprofessionnelle ;
- la distanciation en s'appuyant sur une attitude visant la compréhension et l'interprétation de cette histoire, où coaché et coach sont impliqués ensemble dans une coconstruction de sens, sachant que ce sens est toujours multiple et polysémique.

Pour cela, le coach se réfère à une pluridisciplinarité qui articule notamment les dimensions psychologiques, psychosociologiques, sociologiques et sociohistoriques, en même temps qu'il s'attache à être attentif à ce qui se passe dans l'ici et maintenant de la relation de coaching, dans l'éprouvé de cette relation, tant pour son client que pour lui-même. On retrouve la posture clinique, évoquée précédemment, centrée sur l'écoute plurielle, complexe, l'empathie, l'absence de jugement et le refus de la normativité.

La démarche histoires de vie est, pour le coaché, une occasion riche d'élaborer des processus de dégagement de ses déterminismes sociopsychiques, afin de trouver des modalités plus appropriées d'interaction avec l'environnement et de s'ancrer dans une identité consciente et assumée[1]. Elle est aussi pertinente dans la formation et la supervision des coachs, qu'elle engage à une distance au regard de leur propre histoire, de leurs croyances et représentations*.

C'est l'organisme de formation Initiales Réseau Pluridis qui, dans le cadre du parcours de professionnalisation proposé aux coachs, forme aujourd'hui à cette approche. Des séminaires d'implication sont proposés à des acteurs déjà engagés dans la pratique du coaching, où ils expérimentent les histoires de vie à l'aune de leurs pratiques d'accompagnement[2].

---

1. Ginette Francequin, Anasthasia Blanché, « Histoires de vie et démarches d'orientation », *Éducation permanente*, n° 142, 2000.
2. Initiales Réseau Pluridis, www.reseau-pluridis.com

Le codéveloppement

Apparu dans les années 2000, le codéveloppement s'inspire du courant nord-américain des pédagogies de l'action, de l'expérimentation et de la dynamique des groupes. Ses fondateurs, Adrien Payette et Claude Champagne, sont québécois. Cette modalité de travail rencontre un public croissant dans les entreprises des cinq continents. Elle s'inscrit dans le courant des approches collaboratives, lesquelles font l'hypothèse que les individus et les groupes sont détenteurs d'un savoir, de compétences et de capacités à élaborer leurs propres solutions.

Adrien Payette et Claude Champagne en donnent la définition suivante : « Le groupe de codéveloppement professionnel est une approche de développement pour des personnes qui croient pouvoir apprendre les unes des autres afin d'améliorer leur pratique. La réflexion effectuée, individuellement et en groupe, est favorisée par un exercice structuré de consultation qui porte sur des problématiques vécues actuellement par les participants[1]. »

Créés sur la base du volontariat, ces groupes, composés de six à huit participants, se rencontrent régulièrement lors de séances de trois à six heures sur une période de six mois à un an ou plus, si nécessaire.

Les modalités de travail, très structurées, se présentent sous la forme d'un processus de consultation en six étapes :

- exposé d'une problématique, d'un projet ou d'une préoccupation (les trois P),
- clarification : questions d'information factuelles,
- contrat : résultat espéré et type de consultation souhaitée,
- exploration : questions réflexives, réactions, suggestions pratiques des consultants,
- synthèse des apprentissages et plan d'action, et en toute fin,
- évaluation.

---

1. Adrien Payette et Claude Champagne, *Le Groupe de codéveloppement professionnel*, Presses universitaires du Québec, 2012.

Les participants prennent alternativement le rôle de client et de consultant. Le groupe est accompagné par une personne ressource, ayant une position d'extériorité vis-à-vis du groupe. Cette personne ressource est de plus en plus souvent un coach, formé à l'accompagnement professionnel. Il devra acquérir une compétence en codéveloppement par le biais de formations[1] et s'engager à respecter la méthodologie prescrite. Garant du respect du cadre et de la souplesse des interactions entre les participants, il jouera le rôle de guide, de facilitateur et apportera son savoir-faire de coach.

Le codéveloppement est une des modalités possibles dans le champ des approches collaboratives. Il engage chacun à s'impliquer, à exercer sa responsabilité et à développer sa créativité dans une visée de partage des problèmes et des solutions. Il sous-entend l'idée d'une forme d'égalité entre les personnes, toutes capables d'apporter une pierre à l'édifice et d'aider les autres, sous réserve qu'elles acceptent de se faire aider, sur le modèle de la coopération. Il propose des approches nouvelles de pédagogie, en dehors des schémas de type *top-down* où le savoir est censé être détenu par certains pour être diffusé à d'autres et est, en cela, porteur de nouveaux schémas culturels et vecteur de lien social.

Les principaux outils utilisés par les coachs

Les coachs utilisent différents outils, parfois en fonction de leurs référentiels théoriques, parfois détachés de leur contexte, ce qui est plus problématique. Nous allons en décrire quelques-uns, de façon non exhaustive bien sûr. Ce sont des outils dits de « connaissance de soi », qui ont donc des caractéristiques communes, surtout en termes de vocation. S'engager dans une démarche de connaissance de soi, repérer ses ressources et ses zones d'ombre, les nommer, mieux

---

1. Sous la direction d'Émilie Devienne, *Les 110 Fiches du coaching*, Fiche 28, « Le codéveloppement », Jean-Yves Arrivé, Eyrolles, 2015.

comprendre les différences interindividuelles et les respecter sont autant d'éléments communs à ces outils.

Les outils typologiques

Les outils typologiques sont des démarches de connaissance de soi très souvent utilisées en cohésion d'équipe[1]. Pratiqués depuis de nombreuses années aux États-Unis et développés en France depuis quelques années, les outils typologiques sont fondés sur les travaux de Carl Gustav Jung sur la typologie. Ils intègrent aussi les découvertes les plus récentes sur les grands facteurs de personnalité, ainsi que les recherches sur le stress pour les outils typologiques de deuxième génération, comme le GOLDEN®[2].

Comme nous l'avons déjà évoqué dans le chapitre consacré à l'hygiène du coach, les principes des outils typologiques sont très simples : les variations du comportement que l'on observe entre les individus ne sont pas le fruit du hasard mais la conséquence de préférences concernant quatre dimensions fondamentales, caractérisées par deux pôles opposés. Ces dimensions concernent respectivement l'orientation de l'énergie, les modes de perception de la réalité, les critères de prise de décision et le style de vie. Dans le GOLDEN®, une cinquième dimension, sur la gestion du stress, vient compléter cette approche typologique. Les outils typologiques présentent seize types psychologiques.

En effet, si chacun d'entre nous dispose d'un ensemble illimité de possibilités d'être, nous en privilégions seulement quelques-unes. Ces préférences, spontanées plus que réfléchies, orientent vers un type de comportement plutôt que vers un autre.

La combinaison de ces préférences forme un type psychologique dont la connaissance permet à chacun :

- d'approfondir le mécanisme de ses choix ;

---

1. Reine-Marie Halbout, Valérie Dorgueilh, *Accompagnement d'équipe avec l'Inventaire typologique de développement de Golden*, ECPA, 2005.
2. GOLDEN®, Inventaire typologique de développement de Golden, Éditions du Centre de psychologie appliquée, www.ecpa.fr

- de découvrir qu'ils sont toujours individuels et pas forcément partagés, ce qui éclaire d'un jour nouveau les difficultés de communication que l'on peut rencontrer ;
- d'apprécier la complémentarité qu'autrui apporte ;
- de mettre au jour des potentialités inexplorées.

Tout en étant respectueux des modes de fonctionnement de chacun, les outils typologiques suscitent une réflexion approfondie sur les préférences comportementales, les zones en développement de la personnalité, et permettent d'aborder le changement avec plus de souplesse et d'ouverture.

Les outils de deuxième génération, comme le GOLDEN®, permettent aussi, avec l'apport des sous-échelles, d'affiner le profil d'une personne et de mieux identifier ses modalités de réaction par rapport au stress.

Process Com

L'outil a été créé par Taibi Kahler, dans les années 1980, selon les principes de l'analyse transactionnelle, dont il était un praticien chevronné. Plus qu'un outil, Process Com est aussi un modèle de compréhension de la dynamique d'une personnalité et de ses interactions avec autrui.

Deux concepts clés sous-tendent le travail avec Process Com :

- Dans la communication, c'est souvent la forme qui a une importance primordiale par rapport au contenu.
- Chaque individu développe au cours de son existence un certain nombre des caractéristiques appartenant aux six types de personnalité que sont l'Empathique, le Travaillomane, le Persévérant, le Rêveur, le Rebelle et le Promoteur. L'outil s'attache à décrire chacun de ces types à travers ses traits de caractère et ses points forts, son mode de perception du monde, ses besoins psychologiques, sa position de vie, ses modalités de réaction sous stress, son style de management, sa problématique profonde et la question existentielle qui s'y rattache.

La combinaison des six types se présente sous la forme d'une pyramide à six étages dont la base s'élabore et se développe dès le plus jeune âge. Dans une deuxième étape, au cours de l'enfance, le reste des étages s'organise. C'est l'ensemble de ce modèle qui constitue la structure de la personnalité composée donc d'une base et de phases évolutives au cours des années.

Dans le coaching, cet outil vise une meilleure connaissance de soi, à travers ce modèle de base et de phase, ainsi qu'une plus grande compréhension des réactions d'autrui. Il permet d'adopter un langage commun, et offre une alternative positive à la résolution de conflits dans une équipe de travail[1].

L'ennéagramme

Issu des formes de connaissance les plus anciennes, comme la figure du nonagone apparue chez Pythagore, des traditions ésotériques soufies et des Pères du désert, l'ennéagramme est une typologie à neuf caractères qui s'est transmise oralement. Elle a connu divers développements en Amérique latine, aux États-Unis et en Europe.

Le postulat est que chaque personne a une identité particulière, choisie parmi les neufs types, qui est appelée « base ». Chacune de ces bases est en contact avec les deux bases voisines appelées « ailes » et peut être influencée particulièrement par l'une ou par l'autre de ces ailes. Au-delà de cette proximité initiale, les modalités d'influence des bases les unes sur les autres sont d'une grande complexité et viennent enrichir en permanence la façon de vivre dans sa base initiale.

Certains auteurs ont donné des noms à ces bases, mais ces dernières ne peuvent en aucun cas être réduites à un intitulé. C'est pour cette raison que les praticiens de l'ennéagramme utilisent plus volontiers leur numéro pour les désigner. Une des façons de nommer les bases est la suivante : Perfectionniste, Altruiste, Battant, Romantique, Observateur, Loyal sceptique, Épicurien, Protecteur, Médiateur. Pour chaque base, les différents auteurs présentent une description

---

1. Gérard Collignon, Pascal Legrand, *Coacher avec la Process Communication*, InterÉditions, 2006.

du fonctionnement sain, les croyances et les fonctionnements de sous-types possibles en rapport avec la base, et les réactions sous stress.

L'ennéagramme permet une description très fine de l'individu et de sa dynamique avec une modélisation riche, faisant largement appel aux mythes et aux symboles. L'idée centrale est de mieux se connaître pour mieux se développer, en harmonie avec soi-même, les autres et le monde, en intégrant toutes les dimensions de son être, comme nous l'avons déjà observé dans d'autres outils de connaissance de soi.

Depuis peu, l'ennéagramme est utilisé par les coachs, et des auteurs ont décrit les types dans le contexte des entreprises, en termes de profil professionnel, de relations avec le management, de travail en équipe, de style d'apprentissage, de gestion du temps et de modalités de négociation[1].

Les outils de 360°

Le 360° est un outil d'analyse et de développement des pratiques managériales. Cette approche a été développée dans les années 1970 par le Center for Creative Leadership aux États-Unis. Construites à partir de nombreuses enquêtes menées auprès de cadres dirigeants, les démarches à 360° ont permis d'identifier les grandes dimensions en jeu dans l'exercice du management. Elles concernent aussi bien le management stratégique et opérationnel que la connaissance de soi et l'équilibre personnel.

Pratiqué en France depuis une quinzaine d'années, le 360° consiste à recueillir des perceptions du cadre concerné sur ses pratiques de management, mais aussi des perceptions de son environnement professionnel, c'est-à-dire de sa hiérarchie, de ses pairs et de ses collaborateurs. Dans certains cas, d'autres partenaires de l'environnement professionnel sont sollicités : clients, prestataires, fournisseurs, etc. L'anonymat des observateurs est garanti par l'agrégation des résultats

---

1. Fabien Chabreuil, Patricia Chabreuil, *Comprendre et gérer les types de personnalité*, Dunod, 2005.

par catégories d'observateurs. Seul le retour de la hiérarchie apparaît de façon explicite.

C'est le croisement de ces différentes perceptions qui permet ensuite de dégager les points forts du cadre, ses sources de progrès, et de fixer des axes de développement. L'originalité de cette approche est de proposer au bénéficiaire un retour d'image non plus seulement de la part de sa hiérarchie, auquel la pratique de plus en plus régulière d'entretiens annuels d'évaluation l'avait habitué, mais aussi de la part de ses pairs et de ses collaborateurs.

Se connaître, se reconnaître, en mesurant son impact, c'est l'expérience que propose le 360°. Même s'il ne s'agit que de perceptions et non de vérités énoncées sur l'intéressé, l'exercice engage à une vraie réflexion sur ce que l'on croit être et ce que les autres perçoivent.

Les décalages, les surprises, parfois agréables, sont autant d'occasions privilégiées d'approfondissement de différents vécus professionnels. Expérience parfois difficile, mais toujours enrichissante, le 360° propose une ré-appropriation des attitudes managériales.

Il n'est certainement pas inutile de préciser que les résultats d'un 360° sont confidentiels, destinés uniquement aux bénéficiaires, et qu'ils ne peuvent en aucun cas être utilisés à des fins d'évaluation ou de sanction. Ces conditions d'utilisation en font un outil privilégié de développement managérial, bien adapté au coaching, sous réserve que soient respectés les aspects déontologiques d'utilisation. Il est souhaitable aussi que les praticiens s'assurent de la recevabilité de ces retours de perception en fonction de la culture de l'organisation où ils interviennent.

Conclusion

Ce parcours ne prétend pas être exhaustif et d'autres référentiels théoriques, approches ou outils peuvent certainement faire partie de la palette du coach.

La plupart de ces démarches sont utilisées dans des contextes autres que celui du coaching, et les intervenants dans les domaines de la formation, du développement personnel, de la dynamique des groupes ou de la thérapie s'y réfèrent depuis longtemps.

À propos de la métaphore du télescope, relevons qu'un même praticien peut avoir en toile de fond un référentiel théorique donné, la psychanalyse par exemple, mettre en œuvre une approche collaborative, comme les histoires de vie, et utiliser ponctuellement un outil, comme un outil typologique ou de 360°. Un autre praticien s'adossera à l'approche systémique, travaillera avec les pratiques narratives et fera appel à l'ennéagramme en tant qu'outil. Ces constructions sont modulables et ne peuvent qu'enrichir les interventions du praticien si elles sont utilisées de façon consciente et maîtrisée.

Dans tous les cas, la connaissance de ces référentiels théoriques ou la pratique de ces démarches ou outils supposent, de la part du coach, une véritable expertise. Il doit pouvoir les proposer au coaché comme des démarches miroirs, des révélateurs, sans jamais les mettre au centre de la relation de coaching.

Le rapport entre le coach et son support de travail

Arrêtons-nous un instant sur le type de rapports que le coach entretient avec les ressources à sa disposition, et tentons d'en repérer les différentes articulations.

Les prérequis d'utilisation

Clarification du référentiel théorique du coach

Trop souvent, une démarche ou un outil sont utilisés comme une évidence. Le coach s'est formé dans une école où l'un ou l'autre de ces supports lui ont été proposés et il les a adoptés comme une référence unique et centrale dans sa pratique, même s'il ne les a pas vraiment choisis consciemment. Un tel choix nécessite pourtant une réflexion approfondie, qu'elle soit menée avant ou après l'apprentissage.

Démarches ou outils sont toujours des grilles de lecture du monde, comportant leurs limites. Elles s'inscrivent invariablement dans un courant, dans une école de pensée, elle-même héritière d'une histoire ou d'une tradition. Il est fondamental de les connaître pour en mesurer la nature spécifique et ne pas en être prisonnier. L'idéal est certainement de commencer à travailler avec une approche ou un outil, pour élargir ensuite son champ de vision en s'intéressant à une approche différente, d'une autre nature, c'est-à-dire issue d'un autre référentiel théorique, ce qui obligera le praticien à se décentrer, à reconsidérer son rapport au monde.

Compréhension de ce qui a amené le coach à faire un choix

Même s'il peut sembler le fruit du hasard, un tel choix ne s'opère pas sans qu'il y ait des résonances personnelles fortes entre le praticien et son approche ou son outil. De même que le choix d'un métier dans l'accompagnement est souvent en relation avec l'histoire du sujet dont la sensibilité s'est précocement développée à partir d'une expérience du manque, le choix d'une approche ou d'un outil s'articule souvent sur une dynamique personnelle.

Les représentations* conscientes et inconscientes, les croyances et les valeurs jouent un rôle considérable dans le processus d'adhésion d'un praticien à sa démarche ou à son outil. Plus l'adhésion du praticien est forte (au point parfois qu'il est plus aveuglé qu'éclairé par le support), plus les mécanismes inconscients sont présents et déterminants. Certains praticiens trouvent dans une démarche ou un outil une confirmation de leur rapport au monde, ils s'y installent et finissent même par s'y identifier. Telle démarche évite une confrontation avec l'ombre* ou le négatif ; cela tombe bien pour ce praticien qui met tout en œuvre pour rester dans une vision idéalisée de lui-même et du monde. Telle autre démarche engage à un vécu émotionnel intense, sans cesse recherché comme une sorte d'apogée de l'expression de soi-même ; excellent moyen pour cet autre praticien d'éviter l'utilisation de sa fonction* pensée ainsi qu'un travail d'élaboration* qui lui aurait permis de prendre de la distance. Dans ces deux cas, on voit bien en quoi ces choix permettent d'éviter de rencontrer un angle mort. Ce sont toutes ces raisons qui font qu'un professionnel mature et expérimenté s'est souvent ouvert à une autre épistémologie que celle dont il est issu.

Réflexion sur le rapport personnel du coach avec cette démarche ou cet outil

Il est donc intéressant de s'interroger sur le rapport que le praticien entretient avec son support de travail. S'agit-il d'une grille de lecture unique et omnisciente ? Le praticien est-il en mesure de travailler dans la complexité de plusieurs référentiels ? Les deux positions sont bien sûr radicalement différentes.

Dans le premier cas, il y a fort à parier que la démarche ou l'outil serve d'écran, voire de béquille, au praticien, et qu'il lui épargne d'avoir à se poser trop de questions dont il n'aurait pas les réponses. Le risque est aussi d'aller vers un formatage de la relation et du travail entrepris dans l'accompagnement, nous y reviendrons. Dans le second cas, le pronostic est plus favorable et une bonne distance peut s'installer entre la démarche ou l'outil et le praticien.

La bonne distance entre le praticien et l'outil

La bonne distance est celle qui donne la possibilité de rencontrer l'autre, dans son altérité radicale et sa dimension d'être unique, sans que la démarche ou l'outil vienne réduire ce qui est vécu dans la relation, ou apporté en tant que matériaux, à une interprétation systématique ou univoque.

Aucune approche ni aucun outil ne peut circonscrire la complexité humaine et tout projet d'aller en ce sens ne peut être que totalitaire. Attention donc aux supports réducteurs, qui collent à la peau sans possibilité de s'en défaire. Installer de la distance, c'est garder un espace de pensée ouvert à l'inconnu de la rencontre et de l'autre.

Acquérir une compétence solide

Ces précautions posées, si démarche ou outil il y a, ils doivent être utilisés en conscience et avec compétence. Rien de pire que les apprentis sorciers qui, après la lecture d'un ouvrage sur telle ou telle approche, s'improvisent praticiens de celle-ci. Tous les outils nécessitent une formation et un apprentissage long et exigeant.

La psychanalyse, par exemple, avec son corpus théorique riche et complexe, occupe une position importante dans le champ de la clinique. De nombreux praticiens du coaching s'y référent pour des motifs très variés. Certains ont une formation de psychologue ou de psychiatre et ont été formés à la psychanalyse, essentiellement freudienne ou lacanienne, lors d'un parcours didactique qui s'est déroulé après ou parallèlement à leur analyse personnelle. Ces praticiens exercent parfois en tant que psychanalystes parallèlement à leur activité de coach. Leur référence à ce corpus est évidente en même temps qu'elle est souvent complétée par d'autres approches, sociologiques par exemple, et par une connaissance des théories des organisations.

D'autres coachs ont vécu un parcours analytique qui les a sensibilisés à ce référentiel. Ils ont développé leurs connaissances de la psychanalyse par le biais de lectures, de séminaires et de groupes de travail, et ont acquis une culture suffisamment solide pour leur servir de cadre de référence.

D'autres encore, et c'est alors plus contestable, s'intéressent à la psychanalyse et, sans avoir vécu un parcours analytique personnel approfondi et acquis une formation théorique solide, l'utilise comme un vernis qui ne tient pas toujours...

Acquérir une véritable compétence sur une démarche ou un outil prend du temps, et la maladresse des jeunes praticiens n'a d'égale que le jargon qu'ils utilisent abondamment pour décrire leurs modalités de travail. Plus l'expérience est là, et plus la main s'allège pour ne garder que l'essence du trait sur la toile. Les vieux routiers de ces supports en parlent peu, s'en servent discrètement, à petites touches, car ils les ont intégrés à un autre niveau.

Échanger avec d'autres sur ses pratiques et en faire un objet de supervision

L'utilisation d'une démarche ou d'un outil suppose une formation sérieuse, un entraînement régulier et des mises à niveau continues. Les groupes d'échanges de pratiques permettent de comparer ses expériences à celles d'autres personnes, et donnent donc accès à la fois à une palette de modalités non explorées et à des cadrages riches d'enseignement.

Faire des éléments constitutifs de sa pratique des objets de supervision ouvre à la possibilité de trouver la position juste vis-à-vis de ses ressources. Le superviseur questionne et aborde les situations sous un angle différent de celui du praticien. Il interroge tel aspect théorique ou pratique, et facilite ainsi une compréhension nouvelle du problème rencontré. Il revient sur tel aspect « évident » d'une intervention et la remet ainsi en cause. Il permet d'amorcer un décollement de la situation et un élargissement du champ de conscience, comme nous l'avons déjà évoqué dans le chapitre consacré à la créativité du coach et à la supervision.

Les risques

La démarche ou l'outil écran

La démarche ou l'outil sont parfois mis à la place de la relation spécifique souhaitable entre le coach et le coaché. Positionnés à cet endroit de la relation et du travail engagé, ils permettent d'éviter la rencontre avec le coaché en inscrivant celle-ci dans un « programme » lié aux modalités spécifiques de la démarche ou de l'outil. Dans ce cas, la démarche ou l'outil font écran et protègent le praticien d'un engagement personnel où il risquerait d'être touché, bousculé ou remis en cause dans ses représentations*.

Par exemple, un praticien qui n'a pas l'habitude de travailler à partir de son contre-transfert est sécurisé par une démarche ou un outil évacuant cette dimension du travail. Ce praticien ne fait rien des émotions qu'il a ressenties pendant un coaching, car elles n'ont pas leur place dans le déroulé de son « programme » et elles ne l'obligent pas à un questionnement sur lui-même qu'il n'est pas en mesure de faire.

La démarche ou l'outil béquille

Le support de travail évite de se poser des questions sur le caractère unique de ce que vit la personne qu'on accompagne et sur soi-même, en tant qu'accompagnant. Cela donne des choses comme : « Nous en sommes là dans la démarche… », « L'outil dit que… », « Selon l'outil, la personne a telles caractéristiques… ».

Bref, les supports ne jouent plus leur rôle de révélateur, mais ont plutôt une fonction de piège dans lequel le coach s'enferme et enferme le coaché. Il n'est plus tant question d'ouverture que de grille fermée, interdisant toute exploration véritable, toute pensée libre.

Les ressources qui mobilisent toute l'attention du coach

Dans un souci d'expertise, tout à fait légitime au demeurant, le coach est parfois happé par sa démarche et son outil, au point qu'il ne voit plus la personne qui est en face de lui. Toute son attention et toute son énergie sont concentrées sur les modalités d'utilisation qu'il cherche à maîtriser. C'est alors le coach qui est au service du support et non plus le support qui est au service du coach.

Cette attitude est fréquente chez les jeunes praticiens qui débutent à la fois dans le coaching et dans l'utilisation d'une approche ou d'un outil. Soucieux de respecter un protocole, ils risquent de passer à côté de la rencontre avec leur client. En même temps, ce protocole les aide et leur donne confiance pour s'engager dans le métier. L'équilibre à trouver est donc fragile et délicat.

La démarche ou l'outil exclusif

La démarche ou l'outil qui mobilisent toute l'attention du coach sont des risques inhérents chez les jeunes praticiens. Ils peuvent aussi devenir réducteurs et limitants lorsqu'ils sont parfaitement maîtrisés par les praticiens confirmés. Utilisés depuis trop longtemps, tellement connus par ces praticiens qu'ils pourraient les dérouler les yeux fermés, ils empêchent d'accéder à ce qui pourrait être de l'ordre de l'inattendu ou de l'inconnu.

Les ressources qui renforcent le sentiment de puissance du coach

Nous avons vu que les ressources peuvent donner un sentiment de confort au coach qui les utilise. Si ce confort relatif permet au coach de vivre un véritable engagement dans la relation d'accompagnement, les démarches et les outils jouent alors un rôle de médiateur qui sera évoqué ultérieurement.

Si la démarche ou l'outil phagocytent le coach, le vampirisent, c'est-à-dire requièrent toute son énergie et son attention, ils font alors écran à la singularité de la rencontre, tout en donnant au praticien un sentiment de puissance. Bien sûr, ce sentiment est illusoire et, loin de faire du coach un expert de l'accompagnement, il le cantonne à un rôle de grand maître d'une cérémonie, vide de sens et d'affects, d'où l'essentiel est évacué.

L'outil à la place du coaching

Tous ces risques peuvent générer le paradoxe spécifique à l'utilisation d'une démarche ou d'un outil dans un coaching : dans les cas extrêmes, il n'est même plus question de s'interroger sur leur place dans le coaching, mais de constater qu'ils ont été mis à la place du coaching, c'est-à-dire à la place de la relation unique et particulière qui devrait s'établir entre les deux protagonistes, coach et coaché.

Les apports d'un outil

Après avoir exploré les prérequis et les risques liés à l'utilisation des démarches et des outils, revenons sur leurs apports.

Une médiatisation entre le coach et le coaché

Tout au long de cet ouvrage, la question de l'engagement du coach dans la relation d'accompagnement a été approfondie. Cet engagement expose le coach à un risque de mise à nu et de contamination. Il requiert une grande disponibilité psychique et relationnelle.

La démarche ou l'outil représentent un média, un espace intermédiaire à la disposition des deux protagonistes et, en ce sens, ils permettent aux intéressés de se rencontrer dans un protocole qui leur donne du temps et une certaine marge de manœuvre.

Partager un référentiel

Ce média donne accès à un langage et à un référentiel communs. Il occasionne donc un mouvement de rapprochement entre les deux protagonistes, qui, progressivement, commencent à partager des représentations* et à les désigner avec des termes partagés, compréhensibles pour chacun.

Les démarches et les outils, bien intégrés, facilitent la rencontre et engagent à une construction commune. En quelque sorte se crée entre les protagonistes une aire de jeux, qui peut relancer la créativité des acteurs.

Une expérience de connaissance de soi pour le coaché

Cet aspect est essentiel, car, bien souvent, le coaché dispose de peu d'éléments pour s'engager dans une démarche introspective. Celle-ci n'est pas encouragée dans les cursus de formation traditionnels et oser une parole sur soi est loin d'être une évidence. Très souvent, les coachés n'ont pas les mots pour parler d'eux en dehors d'une sémantique d'évaluation et de jugement. Un support de connaissance de soi est donc un point d'appui pour trouver un vocabulaire objectif, afin de rendre compte de ressentis subjectifs.

L'espace du coaching est un espace réflexif où le coaché va se mettre à distance de son quotidien professionnel. Il le met en mots, s'engage dans un processus d'élaboration* qui le fait entrer en résonance avec sa subjectivité et son histoire. Un nouveau sens peut émerger de cette dynamique. Il peut s'agir d'une nouvelle compréhension des événements, d'une perception différente de sa propre position et, dans tous les cas, d'une connaissance de soi élargie.

Un dispositif didactique visant l'autonomisation

Un coaching est aussi un processus didactique où le coach transmet une expérience et un savoir que le coaché va s'approprier. Le principe d'un coaching est qu'il s'inscrit dans un nombre limité de séances. Il porte donc en lui-même un projet d'autonomisation du bénéficiaire. Pour que cette autonomie advienne, encore faut-il que le dispositif l'initie et favorise, chez le coaché, l'intégration progressive des apports d'un accompagnement.

Le coach met donc à la disposition de son client sa démarche ou son outil pour que celui-ci se l'approprie et puisse s'y référer comme à un point d'appui. Ces supports ont donc servi de média, de langage ou de référentiel commun et de support de connaissance de soi pour le coaché. Ils ont permis une rencontre, une co-construction avec un référentiel partagé. Ce dispositif est porteur du projet de séparation entre le coach et le coaché, qui s'est enrichi d'un nouveau savoir le concernant dont l'entreprise va bénéficier. Un collaborateur plus conscient de lui-même et de son environnement interagit avec celui-ci d'une façon plus appropriée et créative.

Le coaching : une réponse aux dynamiques de développement professionnel

En conclusion, nous ne pouvons que constater l'essor du coaching. Il ouvre de nouvelles perspectives de développement pour les individus et les équipes. Il est devenu, pour les acteurs des ressources humaines de l'entreprise, une réponse possible à la question du développement durable des hommes et des organisations.

À travers l'émergence de nombreux cursus formant des coachs, nous constatons aussi une professionnalisation des intervenants, ce qui devrait permettre d'éviter les dérives liées à une activité suscitant beaucoup d'attrait, en partie à cause de la position de pouvoir qu'elle confère.

La pratique des démarches et des outils dans la phase de diagnostic du coaching nécessite une connaissance approfondie de ces supports de la part du praticien, de sorte qu'il ne les situe jamais au cœur de la relation, et c'est bien là leur paradoxe dans le coaching. Ces ressources ne peuvent avoir de sens que lorsque le praticien est en mesure de les intégrer dans une compréhension théorique plus large et qui le positionne à un certain endroit de la relation de coaching.

Si l'utilisation des démarches et des outils dans le coaching peut représenter une opportunité pour entrer en relation avec le coaché et un moyen d'avancer et de construire ensemble, elle représente aussi un risque d'éviter cette relation et de s'enfermer dans une grille de lecture qui devient une cage pour les deux protagonistes.

Le coaching et l'utilisation appropriée de ces ressources dans un processus d'accompagnement peuvent favoriser l'émergence d'un vrai questionnement personnel et professionnel, permettre d'aller vers plus de conscience de soi et de l'autre, et encouragent, coaché et coach, à se vivre comme des acteurs engagés et responsables dans l'entreprise et la cité.

Chapitre 7

Coaching et lien social

Depuis la première édition de cet ouvrage en 2009, de nouvelles préoccupations mobilisent notre société. Le retour de l'intérêt porté au lien social et la valeur qui lui est accordée de nouveau, au détriment de l'individualisme forcené, nous semble prometteur. Dans ce chapitre, nous allons donc aborder la délicate question de la relation entre coaching et lien social. En quoi le coaching peut-il être un vecteur de liens dans une société où le sujet (et nous verrons ce que cette appellation recouvre) est invité à se construire tout seul et bien souvent, contre les autres ? En quoi le coach est-il invité à s'interroger sur cette question du lien social, pour lui d'abord, puis évidemment pour et avec les personnes qu'il accompagne ?

Un monde qui a changé

Comme nous l'avons évoqué dans les chapitres précédents de cet ouvrage, le monde dans lequel nous vivons n'a plus grand-chose à voir avec celui dans lequel évoluaient nos grands-parents. Le rapport au travail s'est transformé pour des raisons qui tiennent à des aspects historiques, techniques, économiques, sociologiques et psychologiques. Avec la fin des institutions tutélaires[1] : famille, Église, armée,

---

1. Alain Erhenberg, *op. cit*.

syndicat, État, à l'intérieur desquelles les personnes s'inscrivaient (souvent de génération en génération, avec de fortes implantations régionales) et construisaient leur identité, nous assistons à l'avènement du « sujet ».

En 1979, les travaux du philosophe poststructuraliste Jean-François Lyotard sur la condition postmoderne anticipaient la fin des « grands récits », ce qui est une autre façon de décrire cette réalité. Cette perspective sera développée entre autres par d'autres philosophes, à savoir Michel Foucault et Jacques Derrida[1]. À partir des années 1990/2000, dans le champ de la sociologie clinique, c'est le terme de « société hypermoderne » qui est utilisé pour décrire ces mutations profondes à la fois sociales et économiques qui interviennent après la société moderne et la société postmoderne[2]. Retenons que le mot « hypermoderne » a d'abord été accolé à celui d'individu.

Dans le même temps, de nouveaux groupes de références sont revalorisés ou adviennent. La famille, que l'on déclarait dépassée après 68, ne cesse de renaître de ses cendres mais dans des formes nouvelles, comme celle des familles recomposées[3]. Les solidarités qui s'y déploient entre les générations confirment la nécessité pour un sujet d'évoluer dans un collectif, de s'y sentir soutenu, contenu et valorisé. Les réseaux sociaux, tellement et injustement décriés, apportent pour de nombreuses personnes à la fois un sentiment d'appartenance et d'ouverture sur le monde.

Nous vivons donc une période de mutation, une période troublée et passionnante faite de tensions et de contradictions. Le sujet n'est plus relié aux institutions tutélaires classiques qui lui indiquaient une direction à prendre, un style de vie à mener, des modalités de relations à construire. Il ne s'ancre plus naturellement dans les systèmes

---

1. Philippe Bigot, « L'à-venir du travail », dans *Cahiers jungiens de psychanalyse* 140, novembre 2014.
2. Sous la direction de Vincent de Gaulejac, Fabienne Hanique, Pierre Roche *op. cit.*
3. Émilie Devienne, *La famille recomposée. Toi, moi et tous nos enfants*, Larousse, 2009.

symboliques qui le façonnaient et le contenaient il y a peu de temps encore. Ce sujet cherche de nouveaux systèmes de référence sans forcément les trouver et est, de plus, sommé de devenir lui-même. Il doit se trouver, exister pleinement, puisqu'il « le vaut bien ». Notons que le coach ne doit pas perdre de vue qu'il est lui-même un sujet qui s'occupe d'autres sujets. Nous reviendrons sur ce point.

Avènement du sujet ?

Le premier constat est qu'il n'est pas certain que les praticiens de l'accompagnement doivent se réjouir de cet avènement du sujet. Ils devraient même ressentir plutôt « un certain embarras vis-à-vis de ce phénomène ce qui amène à redoubler de vigilance, à aiguiser plus encore [leur] esprit critique afin de ne pas s'inscrire dans cette idéologie de l'hypermodernité et de résister à la sollicitation de devenir un "ingénieur des âmes", selon l'expression de Jacques Lacan de 1957 qui prendrait toute sa part à l'adaptation des individus aux exigences du marché économique, au formatage qu'elles impliquent[1] ».

Ne sombrons toutefois pas dans le pessimisme car cet ouvrage défend l'idée que le coaching est une des modalités possibles pour répondre aux demandes d'individus qui veulent comprendre leur histoire singulière, leur relation au travail, les difficultés particulières qu'ils y rencontrent, dans une visée émancipatrice. Ceci n'est possible qu'à une condition, que le coach ait élaboré les éléments de sa propre histoire pour être en mesure d'accompagner la demande spécifique qui lui est adressée.

Revenons à notre « sujet », né « hors sol », comme le décrit si bien Pierre Rabhi dans ses différents essais[2]. Élevé en dehors des institutions tutélaires, sommé de devenir lui-même – au risque de ne plus être en lien avec les autres – il est invité à vouloir « sans limites » et à produire du « toujours plus ». Alors, il ne faut pas s'étonner que ce sujet hypermoderne soit souvent anxieux, agité, impatient, inconstant, voulant toujours aller plus vite et faire mieux. Comme il est

---

1. *La Sociologie clinique. Enjeux théoriques et méthodologiques*, op. cit.
2. Pierre Rabhi, *Vers la sobriété heureuse*, Babel, 2013.

impossible de tenir dans la durée face à ces injonctions, il s'effondre souvent et oscille entre élation et dépression, agitation et sentiment de vide, avidité et inconsistance.

Comme nous le constatons, les risques sont grands de passer du statut de « sujet » à celui de « sujet sans limites » dans les sociétés hypermodernes. Avec d'un côté, le retour d'un pulsionnel débridé et de l'autre, celui d'un rapport au travail qui ne serait plus fondé que sur l'excellence (le « toujours plus »), avec de funestes conséquences dans les entreprises. Le rôle du coach dans ce monde en pleine mutation est donc très important.

Le travail dans la société contemporaine

Le travail représente une part importante de nos vies. C'est à la fois un moyen de subsistance, de réalisation de soi-même, une nécessité vitale, un élément de socialisation. Source de satisfaction et de souffrance, le travail est un déterminant essentiel de nos itinéraires biographiques et de la place occupée dans la société par chacun d'entre nous. Il est donc un aspect nodal de l'existence sociale, mais aussi un étayage de la construction de soi. Les transformations qu'il a subies préfigurent notre nouveau monde, celui que les sociologues nomment « hypermoderne ».

Marx présentait le travail comme une condition indispensable à l'homme, une nécessité éternelle qui sert de médiateur entre celui-ci et la nature. Il est un élément de médiation essentiel au fondement de l'être au monde, dans un rapport d'aliénation lorsqu'il se réduit au labeur servile ou d'accomplissement de soi lorsqu'il réalise une œuvre. Dans les sociétés contemporaines, il est associé à l'emploi comme facteur essentiel de l'insertion sociale. De l'avoir à l'être, il s'agit de travailler pour exister.

Mais comme Janus, le travail a deux visages, d'un côté la servitude et la souffrance, de l'autre, la libération et la réussite. La crise qui le concerne touche tous les registres : le faire, l'avoir, et l'être. Le travail est simultanément du côté de l'assujettissement et du côté de l'avènement du sujet. S'il peut être source de souffrance et de pathologies, il est aussi un facteur de santé mentale et quand il vient à manquer, celle-ci peut se trouver remise en cause.

La « révolution managériale » que dénoncent de nombreux sociologues et psychosociologues, celle qui devait réconcilier l'homme et l'entreprise, conduit plutôt à la lutte des places et au désenchantement. L'idéologie gestionnaire a transformé l'humain en ressources au service de la rentabilité de l'entreprise. La souffrance au travail exprime souvent une forme d'exploitation psychique, équivalente à l'exploitation du prolétariat dans le capitalisme industriel[1].

On comprend mieux alors pourquoi se développent chez de nombreuses personnes l'angoisse de ne pas être à la hauteur, de ne jamais en faire assez, la peur d'être pris en défaut, d'être insuffisant. La dépression est l'expression de ces pathologies du narcissisme qui envahissent le champ du travail, entraînant une quête inassouvie de reconnaissance et une dépendance croissante au jugement d'autrui. Non pas un jugement destiné à évaluer ce qui est fait, mais un jugement sur l'être et sa conformité à un comportement idéal au travail.

Alors de quel côté va se situer le coaching ? Va-t-il renforcer l'injonction faite au collaborateur d'être efficient ou l'aider à trouver sa place dans un autre rapport au travail ? rendre au travail sa valeur ? son sens ?

Le travail dans les sociétés hypermodernes

Au sein des organisations hypermodernes, le travail se caractérise par la mobilisation d'un sujet pour remplir des objectifs, appliquer des prescriptions, suivre des consignes. Dans cet univers, l'œuvre n'est plus un objet concret réalisé par un individu isolé, mais le résultat d'une production systémique qui nécessite la collaboration directe ou indirecte de milliers de personnes indifférenciées.

D'un côté, les personnes au travail sont dépossédées de la maîtrise effective de ce qu'elles font, de l'autre, on les rend responsables de la mobilisation des moyens pour remplir leurs objectifs, de la qualité

---

1. Vincent de Gaulejac, *Travail. Les raisons de la colère*, Seuil, coll. « Économie Humaine », 2011.

du travail effectué, des résultats obtenus, de la réussite et des échecs du collectif. La tension psychologique est intense entre une autonomie subjective de plus en plus exaltée et une dépendance objective enserrée dans un faisceau de contraintes qui s'accentue. Chacun est sommé de s'affirmer en souverain gouverneur de sa propre vie, alors que son statut n'est plus garanti par les lois mais dépend de la solidité des liens affectifs et économiques qu'il a pu tisser avec autrui. Terrain propice au narcissisme et à la dépression.

Ce n'est plus seulement la force de travail qui est sollicitée, mais aussi l'énergie libidinale. L'individu cherche à satisfaire ses désirs inconscients, à canaliser ses pulsions et ses angoisses dans le travail. La mobilisation psychique devient un élément déterminant du rapport à l'entreprise. La souffrance au travail se joue d'ailleurs essentiellement sur ces registres (déplacement du registre de l'avoir à celui de l'être). Le suicide en est l'un des symptômes.

L'idéologie managériale considère l'individu comme une ressource. Celui-ci risque alors d'être instrumentalisé au service d'objectifs financiers, opératoires, techniques, qui lui font perdre le sens de son action, jusqu'au sens de son existence. Souvent, le clivage interne s'installe, chez une même personne, entre l'individu ressource qui accepte de se soumettre pour répondre aux exigences de son employeur et l'individu sujet qui résiste à l'instrumentalisation.

Donner, recevoir et rendre

Et pourtant, même dans les contextes professionnels, les sujets sociaux que nous sommes considérons nos existences dans d'autres logiques que celles de la rentabilité, de l'efficience et du résultat. Alain Caillé – spécialiste des travaux de l'anthropologue Marcel Mauss – le rappelle dans ses différents ouvrages et particulièrement dans le plus récent, qui situe son propos dans le champ de l'entreprise.

« Que nous le voulions ou non, nous inscrivons notre existence dans une logique de l'alliance (ou de la défiance), du don et du contre-don, de dettes et de créances. Que ce soit dans un registre d'alliance entre pairs, entre parents et enfants, entre membres d'une organisation ou d'une communauté politique, économique, sportive ou religieuse, chacun se retrouve à différents moments tant en position d'avoir à donner, à recevoir ou à rendre, tantôt à demander. L'existence des hommes a donc une tout autre épaisseur et une tout autre complexité que celle du simple *Homo eoconomicus* de la théorie économique et managériale standard, uniquement soucieux de lui-même et de son ou de ses intérêts[1]. »

Cette dynamique du donner, recevoir et rendre s'inscrit au plus profond de la vie des entreprises et des relations entre les citoyens. Contrairement à ce qui est bien souvent véhiculé dans une certaine littérature, ce sont les logiques de coopération qui dominent dans nos vies sur les logiques de compétition. Notre monde commun « tient » à partir des liens tissés dans ces logiques de coopération. Le pain frais du matin et le journal du soir (qu'il soit livré sous un format papier ou sur tablette) en témoignent tous les jours. C'est bien la mise en commun des efforts de tous, des gestes spontanés et de l'inventivité généreuse des professionnels qui fabriquent le socle de nos vies.

Pour les vivre au plus près, il est frappant de constater les nouvelles trajectoires qu'envisagent des acteurs diplômés, issus des professions du secteur tertiaire que sont la banque, la finance, l'administration, l'informatique, le commercial, etc. Ils souhaitent se tourner vers de nouveaux métiers dans les secteurs de l'artisanat, de l'hôtellerie/restauration ou du commerce. Pour ce faire, certains se réorientent complètement, passent des CAP de cuisine, de maroquinerie, de couture… et se lancent dans des aventures professionnelles qui donnent à leur vie un nouvel ancrage avec, en prime, l'impression d'être utiles. Ils veulent s'accomplir en tant qu'êtres humains complets et donner du sens à leur activité. Opérant un retour sur eux-mêmes, ils cherchent une nouvelle qualité de vie, où, reliés à leurs valeurs profondes et aux autres, ils pourront accéder à un tout autre rapport au travail. La question de revivifier les liens sociaux est toujours centrale dans ces parcours de vie.

---

1. Alain Caillé, Jean-Édouard Grésy, *La Révolution du don. Le management repensé*, Seuil, coll. « Économie Humaine », 2014.

Le paradoxe de l'excellence durable : la réussite mène immanquablement à l'échec

Dans notre culture, et particulièrement en France – et ce dès le plus jeune âge – il s'agit de viser l'excellence. Or, être excellent consiste à se dépasser en permanence, ce qui amène à entrer dans un cycle où la tyrannie de l'idéal met le moi devant son impuissance, voire son effondrement. L'exigence du « toujours plus » peut, dans un premier temps, provoquer l'émulation. Dans la durée, elle ne peut qu'engendrer l'impuissance et la dépression.

Arrivés à l'âge adulte, nous avons vu que, bien souvent, l'homme managérial investit son entreprise corps et âme, en projetant sur elle ses désirs de toute-puissance et d'accomplissement de soi et en introjectant les valeurs de performance et d'excellence qu'elle propose. Dans le même temps, le refus de nombreux dirigeants d'accepter des limites, leur propension à la toute-puissance, comme si rien ne pouvait s'opposer à leur volonté de maîtrise, leur éloignement du monde « réel », sont des facteurs qui mettent le travail en tension. Cette tyrannie de l'idéal, nous la retrouvons aussi dans la publicité et qui fait tant souffrir les corps et les esprits en même temps qu'elle invite à une jouissance illimitée et continue.

À ce propos, et puisque nous sommes en permanence baignés dans ce trop-plein médiatique, révélateur de nos problématiques conscientes et inconscientes, que nous dit la publicité ? Elle nous parle de sujets désirant « tout, tout de suite », « parce que je le vaux bien ». Elle scande à travers différents slogans : « Moi, je, veux, tout, tout de suite, sans limites ». Dans ce monde-là effectivement, il n'y a pas d'autres, pas de limites. C'est vrai que l'on a quelque peu oublié aujourd'hui, où il convient de célébrer sans fin le désir, l'importance que Freud accordait à l'idée de renoncement. Son cauchemar était la vision d'un monde dirigé par des enfants de quatre ans et à bien regarder les frasques de quelques-uns des « grands » de ce monde, nous pouvons nous demander si le cauchemar de Freud n'est pas devenu une réalité !

Renoncer à obtenir tout immédiatement, reconnaître notre finitude, notre vulnérabilité, admettre que nous sommes mortels et que nous ne sommes ni le centre du monde ni le centre de nous-mêmes, découvrir à nos dépens les limites de notre pensée... La liste de ces déconvenues est longue et il ne nous plaît pas d'accepter cette succession de renoncements. Telle est pourtant la condition pour que notre vie invente et s'invente, qu'elle soit toujours en mouvement au lieu de rester à jamais fixées à ses premières attentes, à ses premiers objets d'amour et de haine.

Le désir, c'est la vie mais le désir sans limites oblitère l'avenir culturel parce qu'il renvoie sans fin à l'exigence pulsionnelle. Un être pulsionnel ne saurait dompter, domestiquer ses pulsions puisqu'il se confond avec elles, les confondant avec son énergie psychique. Il est en deçà du travail de civilisation et entend y demeurer. Il retourne au commencement, au commencement où les dieux pulsionnels se délectaient des hommes et exigeaient de nombreux sacrifices. La publicité nous invite souvent à cette orgie pulsionnelle des origines.

Autant vous dire que dans ce registre-là, il n'y a pas de relations aux autres si ce n'est dans le désir d'être l'unique, ce qui ne peut conduire qu'à l'affrontement... Ces fameuses institutions tutélaires, évoquées en préambule de ce chapitre, avaient aussi pour vocation de contenir ces désirs effrénés. Certes, elles avaient besoin d'être renouvelées et nous sommes bien dans cet entre-deux mondes où risques et opportunités se côtoient, comme à chaque étape de la vie de l'humanité.

Comme les recherches en anthropologie et en psychologie le montrent : la question de l'accès au registre symbolique est cruciale dans l'histoire des hommes, que ce soit sur le plan individuel ou collectif. L'éducation comme la civilisation sont censées permettre la production des symboles et de la culture plutôt que de la violence, du cuit et pas seulement du cru, de l'être et pas seulement de l'avoir, de la pensée plutôt que du passage à l'acte. Pourtant, dans les organisations aujourd'hui, nous constatons de nombreux passages à l'acte. Des directions devenues folles, qui changent d'orientations et de stratégies à un rythme effréné, des rumeurs qui génèrent des comportements paradoxaux, ambivalents, des collaborateurs totalement déboussolés, qui s'engagent dans une fuite en avant, au risque de la dépression, du *burn-out* et des risques psychosociaux.

Et comment vit le coach dans ce monde-là ? Où en est-il de son propre rapport à la limite et à la finitude, rapport qui s'est construit au fil de son parcours de vie mais aussi dans l'éprouvé de son parcours thérapeutique ? Dans le chapitre consacré à l'hygiène du coach, nous avons repéré les scénarios familiaux particuliers qui sont à l'origine du désir de devenir coach. La blessure narcissique en est l'une des caractéristiques. Vouloir se soigner en s'occupant des autres, une autre composante. Rester relié à cette blessure, travailler à partir de celle-ci, sans faire l'économie du travail sur soi évitera au coach de tomber dans l'inflation ou le syndrome du guérisseur.

La question de l'idéologie managériale : de l'école à l'entreprise

L'idéologie managériale envahit notre vie au quotidien : l'entreprise d'abord mais aussi la politique, la famille, la vie associative et donc notre vie de coach. L'éducation, par exemple, est un lieu privilégié pour inculquer cette idéologie managériale. On introduit la culture du résultat en classant les élèves à partir de leurs performances. On mesure leur niveau avec des tests. Dans ce contexte, les manifestations du malaise des enseignants, des élèves et des parents ne cessent de croître. L'obsession du programme annihile toute autonomie et toute créativité pédagogique. Le bachotage et l'assimilation formelle sont privilégiés au détriment de l'intelligence et de la sensibilité. On ingurgite des connaissances au lieu d'apprendre à les construire. On produit un moule auquel les enfants doivent s'adapter à partir de critères « objectifs » plutôt que de susciter l'imagination créative, la socialisation et le goût de la découverte. Il s'agit même souvent d'apprendre contre les autres.

Quant à l'idée d'apprendre qui l'on est, de valoriser ses talents propres, de trouver sa place singulière dans le monde, en relation avec les autres, de favoriser les processus d'apprentissage et de constructions de solutions collectives, nous en sommes très loin. Et toujours, en toile de fond, l'idée de la compétition qui génère la peur et l'angoisse et ce dès le plus jeune âge chez les élèves français, ce que confirment de nombreuses études : « Terrible climat de compétition qui donne à l'enfant l'impression que le monde est une arène, physique et psychique, produisant l'angoisse d'échouer au détriment de l'envie d'apprendre[1]. »

Ce qui revient en permanence aussi, c'est l'idée de l'autonomie. L'enfant doit être autonome, au plus vite. Quelle méconnaissance de la psychologie de l'enfant et de la psychologie tout court ! L'autonomie est toujours un second temps du développement, le premier étant celui de la construction des liens que le petit être va tisser avec son entourage. À partir de ce socle solide, les mouvements d'autonomie prendront forme progressivement et seront toujours accompagnés d'aller-retour entre réassurance de la présence et de la solidité du lien et du milieu sécurisant, et avancées autonomes.

C'est aussi ce que nous constatons dans les différentes étapes de l'accompagnement en général et d'un coaching en particulier. Au départ, il y a une demande donc une reconnaissance et une acceptation du besoin d'être aidé par un praticien, que le client va investir comme un sachant. C'est bien dans le lien qui va s'établir entre les deux protagonistes que le client retrouvera, dans un second temps, une possibilité de retrouver une position de sujet autonome.

Être ensemble ou ne pas être…

À l'école, le prix d'excellence est décerné à celui qui a les meilleurs résultats. Proposer à tout le monde d'être hors du commun et, de plus, durablement, conduit à faire disparaître ce qui est commun, donc ce qui relie les individus les uns aux autres, ce qui les rassemble : une communauté régie par des normes acceptées comme nécessaires pour rendre la vie vivable, les différences acceptables. Tout groupe a besoin de règles pour permettre à chacun d'y trouver sa place, d'être reconnu à part entière, de se sentir relié aux autres par l'accomplissement d'une tâche commune.

---

1. Pierre Rabhi, *op. cit.*

Dès lors, la valorisation systématique de ce qui est « hors du commun » remet en question ce qui fonde le groupe, lui donne sa consistance, sa valeur. Elle encourage l'individualisme et la lutte des places. L'excellence durable détruit le monde commun, donc le lien social, les valeurs qui fondent l'être ensemble. On ne peut à la fois exiger de chacun qu'il soit excellent et lui demander d'accepter de n'être qu'un parmi d'autres, à égalité, en solidarité avec les autres.

On se prive aussi de dimensions importantes dans les processus de créativité. Dans un beau livre d'entretien entre l'écuyer-artiste Bartabas et le mathématicien français Cédric Villani, ce dernier insiste sur la place du questionnement, de la frustration, de l'acceptation de l'échec, et du doute à partir de son expérience de chercheur : « Quand on parle des qualités nécessaires pour avancer, pour diriger une entreprise, pour mener un projet, on parle de qualités positives […] de la confiance en soi mais on ne fait pas assez l'éloge du doute[1]. »

Ainsi nous voyons bien le danger qu'il y aurait pour le coach d'adhérer sans discussion aux valeurs de l'hypermodernité sans être attentif aux conditions de l'avènement du sujet contemporain, à l'accélération des enjeux de profits dans le monde du travail, ou en tombant dans la psychologisation les problèmes sociaux. Valoriser les limites individuelles ainsi que les dimensions du collectif comme étant des ressources majeures pour faire face aux aléas de l'action, aux imprévus, et construire les innovations nécessaires à l'amélioration du fonctionnement, sont des voies à explorer ensemble.

Brigitte ou sortir de l'isolement

Brigitte vient consulter un coach à titre personnel. Elle travaille chez un grand opérateur, chargé du traitement du chômage et du retour à l'emploi, et n'en peut plus d'un métier qui la confronte à chaque instant à la misère sociale et humaine. Elle est contrainte d'obtenir des résultats chiffrés plutôt que de consacrer du temps à l'accompagnement des deman-

▶

---

1. Bartabas et Cédric Villani, *Comment conjuguer passion & création*, Favre, coll. « Caracole », 2014.

> deurs d'emploi. Mise dans une position d'impuissance totale dont elle parlera dans les séances avec gêne, elle contacte sa honte. Brigitte se sent minable, impuissante et seule. Elle pense à changer de métier et s'engage dans un parcours de formation en bilan de compétences, dans le cadre d'un congé formation de quelques mois. Au sortir de celui-ci, elle est déboussolée. Ses recherches en centre de bilans n'avancent pas au rythme souhaité et si elle ne reprend pas ses fonctions chez son employeur, c'est elle qui risque la précarité. En fait, tout en accompagnant ses recherches de vacations en centre de bilans, le coach va accompagner son retour chez son employeur, mais dans une perspective différente de celle où elle se trouvait auparavant.
> L'accent sera mis sur ce qu'elle vit en tant que conseillère, ses relations avec ses collègues (avec lesquels elle avait jusque-là peu de contacts) et la curiosité sur ce qu'ils ressentent et vivent, eux aussi. Brigitte va donc reprendre ses fonctions, à mi-temps, dans une communauté dans laquelle elle va apprendre à plus partager. Elle est surprise de l'accueil qu'elle y reçoit. En interne, elle propose la mise en place d'un groupe d'échanges de pratiques. Même sa hiérarchie (qui n'en peut plus non plus) la soutient ! Avec surprise, elle découvre qu'elle n'est effectivement pas seule à vivre des difficultés, et qu'ensemble, peut-être, on peut sortir plus facilement des injonctions paradoxales dans lesquelles elle se trouvait enfermée.
> Nous voyons, dans cet accompagnement, comment il a été possible de valoriser la coopération et la mise en place de collectifs de réflexion, l'importance du développement de l'axe horizontal de l'investissement de Brigitte plutôt que celui de la verticalité.

Cet exemple montre que le coaching peut, s'il s'inscrit dans les grandes traditions de l'accompagnement, relancer une position de sujet en lien avec les autres où la question singulière de l'autonomie se conjugue toujours au pluriel des liens vivants avec autrui. C'est dans l'acceptation de sa fragilité et de celles des autres que s'élabore la question des synergies. Qui dit recherche de complémentarité dit besoin des autres, de vécus partagés à l'origine des solidarités, des réseaux, du lien social, plutôt que de l'excellence, le « toujours plus » et l'avidité. L'éthique du coach, son propre rapport à ces questions, sera donc au cœur de sa pratique.

Quelques pistes pour rester optimiste

Dans les coachings, le coach a toujours intérêt à favoriser la réflexion en inversant la vision du « facteur humain », en considérant que l'humain n'est pas une ressource pour l'entreprise mais que c'est l'entreprise qui devrait être une ressource au service d'une finalité : le bien-être individuel et collectif. La conception d'un homme « ressource » est une régression éthique et anthropologique.

Se confirme ici la nécessité, pour le praticien de l'accompagnement, de faire appel à une culture large, une approche pluridisciplinaire et pas seulement technique, scientifique ou économique. La philosophie, l'histoire, l'anthropologie, la sociologie, la psychologie, les arts devraient toujours être aux sources des réflexions des accompagnants et leur permettre de nourrir leur position éthique.

Encourager la réflexion des individus vers le « vivre ensemble », la dynamique collective, la collaboration, les solidarités, cela veut dire pour le coach les élaborer dans les cursus de formation, les démarches de supervision, les groupes d'échanges de pratiques et d'intervision, mais aussi dans sa position de citoyen. Nous sommes bien au cœur des enjeux de l'exercice difficile de ce métier.

Conclusion : critiques et avenir du coaching

Critiques du coaching

Parallèlement à l'apparition du coaching, de nombreuses critiques le concernant ont été formulées par différents auteurs. Certaines proviennent de « l'intérieur » et sont portées par des coachs dénonçant des pratiques abusives de coaching ou des dérives qu'ils ont constatées. D'autres sont émises de « l'extérieur » et sont formulées par des sociologues, des philosophes ou des psychiatres qui s'inquiètent des risques de « normalisation » que le coaching pourrait représenter.

Les critiques de « l'intérieur »

Concernant les critiques émises de « l'intérieur », arrêtons-nous un instant sur le livre d'Éléna Fourès[1]. Cette coach, travaillant auprès de dirigeants dans un contexte international, dénonce un certain nombre d'abus autour du coaching. Ces abus peuvent être le fait des coachs eux-mêmes lorsqu'ils ne respectent pas la déontologie de leur métier, ou d'entreprises qui utilisent le coaching de façon dévoyée, avec la complicité de professionnels de l'accompagnement peu regar-

---

1. Éléna Fourès, *Petit Traité des abus ordinaires*, Éditions d'Organisation, 2004.

dants. Parmi les cas de détournement, citons celui où entreprise et coach s'entendent pour proposer un coaching à un collaborateur dont le départ a déjà été décidé en interne. Le coach est là pour convaincre son client de la nécessité de donner sa démission ou d'accepter les conditions de départ qui lui sont proposées !

L'auteure ne remet pas le coaching en cause, qu'elle pratique par ailleurs et dont elle vit. Elle met en avant l'idée d'un coaching au service du management durable, avec ses préoccupations de développement de talents dans les organisations et de temps nécessaire pour y parvenir. Elle dénonce certaines utilisations inappropriées du coaching avec ses risques d'instrumentalisation, de détournement, de récupération, de non-respect de la confidentialité et d'imposture. La plupart de ces mises en garde sont tout à fait justifiées et il serait naïf de croire que les pratiques autour du coaching respectent toutes les codes de déontologie des sociétés professionnelles.

Ce qu'Éléna Fourès en conclut concerne la nécessaire formation des praticiens de l'accompagnement, la connaissance approfondie des organisations indispensable à leurs interventions, la maîtrise des outils qu'ils utilisent et la maturité personnelle et technique requise pour devenir coach. Elle insiste aussi sur le rôle fondamental de la supervision dans l'hygiène mentale du praticien. Tous ces aspects ont été largement développés dans les différents chapitres de cet ouvrage et confirment la professionnalisation de ce métier, pour lequel il y a un accord sur les prérequis indispensables à son exercice.

Un point mérite toutefois d'être discuté. Éléna Fourès évoque le milieu des coachs comme un milieu peu confraternel où les enjeux de rivalité sont tels que les notions de solidarité et d'entraide sont inexistantes. Dans le même temps, l'auteure insiste sur le fait qu'elle n'appartient à aucune société professionnelle, ce qui lui permet de garder une indépendance vis-à-vis de ses pairs. Elle ne fait aucun lien entre les deux constats, ce qui ne peut manquer de surprendre le lecteur…

Comme nous avons déjà eu l'occasion de l'évoquer à plusieurs reprises, c'est l'appartenance à une société professionnelle (et il en existe plusieurs aujourd'hui présentant des caractères de sérieux

Conclusion : critiques et avenir du coaching

incontestables) qui permet au coach de s'inscrire dans une communauté de métier et de développer un réseau de collègues. Cette appartenance lui donne la possibilité se confronter au regard de ses pairs, d'y trouver des points d'appui comme des éléments de différenciation tout en apprenant à intégrer dans sa pratique, de façon très concrète, les différents aspects d'un code de déontologie. La société professionnelle joue donc le rôle à la fois d'une communauté de métier et d'un garde-fou.

L'activité de coach suppose un degré élevé de maturité, de développement personnel et de professionnalisme. Elle se pratique de façon solitaire et comporte toujours une dimension de responsabilité individuelle. S'isoler en ne fréquentant pas ses collègues, c'est prendre le risque de renforcer cette solitude, de se couper d'un contexte d'échanges et d'interactions structurantes qui permettent aussi de se remettre en cause.

Du gourou à l'électron libre, le spectre des dérives est large pour celles et ceux qui n'ont pas trouvé un port d'attache. Du port, on peut sortir pour une navigation en solitaire, mais, lorsqu'on y revient, on y retrouve d'autres voyageurs avec lesquels on peut échanger sur les caps à tenir, le maniement des instruments de navigation et les difficultés inhérentes à tous les trajets.

D'autres critiques de « l'intérieur » émanent de coachs qui refusent ce terme parce qu'il est galvaudé et risque de créer une confusion sur la nature de leurs interventions. Dans cet ouvrage, nous avons utilisé les termes de « coaching » ou d'« accompagnement » ou encore d'« accompagnement de type coaching ». Travailler à la professionnalisation des intervenants et à la clarification de ce qu'est ce métier sera plus fructueux que d'entretenir une querelle d'intitulés.

Des coachs remettent aussi en question les rythmes effrénés de certaines écoles de formation au coaching. Ces écoles leurrent un public crédule en formant chaque année plusieurs centaines de personnes qui ne trouveront pas de travail sur ce marché. Ce point a été discuté dans le chapitre consacré à l'hygiène du coach. Il revient aux élèves de ces écoles de ne pas se laisser gruger par de fausses promesses, et aux professionnels de l'accompagnement de communiquer, à l'intérieur comme à l'extérieur, sur ce qu'est ce métier et ce qu'il suppose en termes de formation, d'expérience et de travail du soi. Ces précautions n'empêcheront pas les apprentis sorciers de vendre des illusions à leurs ouailles, mais permettront d'élever le niveau de connaissance sur la complexité du métier de coach.

Les critiques de « l'extérieur »

Évidemment les critiques les plus virulentes viennent de praticiens d'autres champs : sociologues, psychiatres ou philosophes. Ces critiques ont une grande valeur, car elles obligent les coachs à se questionner en permanence et à se remettre en cause, à être vigilants vis-à-vis des risques de dérapage et attentifs aux interrogations que cette pratique suscite.

Ces remises en cause sont également utiles parce qu'elles permettent de préciser les fondamentaux concernant le coaching et ceux qui le pratiquent. En effet, il est frappant de constater chez certains de ses pourfendeurs une grande méconnaissance de ce qu'il est réellement ! Objet de fantasme, le coaching l'est tout autant pour les coachs que pour ceux qui le remettent en cause.

Dans *L'Empire des coachs*[1], les auteurs, qui sont psychiatre pour l'un et philosophe pour l'autre, questionnent avec exigence l'idée même du coaching à l'aune des grands principes philosophiques fondant les échanges humains. Ils dénoncent la nouvelle forme de contrôle social que représenterait le coaching, ainsi que les impératifs de performance et de compétitivité dont il serait le chantre. Les malheureux coachés se verraient ainsi exhortés à augmenter sans cesse leur rentabilité comportementale en dehors de tout lien social et en abandonnant toute position critique. Face à ces risques, Roland Gori et Pierre Le Coz appellent de leurs vœux, d'une façon radicale, la disparition du coaching !

L'ouvrage dresse un tableau assez consternant de pratiques de coaching qui ne peuvent se réaliser que « sur fond d'une

---

1. Roland Gori, Pierre Le Coz, *L'Empire des coachs, une nouvelle forme de contrôle social*, Albin Michel, 2006.

Conclusion : critiques et avenir du coaching

anthropologie de servitude qui rabaisse l'homme à une micro-entreprise ne connaissant d'autres besoins que la "gestion de ses ressources", la "compétitivité", la "performance" ou l'"adaptation au changement" ».

Les auteurs décrivent un coaching issu du monde du sport et imprégné des références spécifiques aux thérapies comportementales. Ces postulats débouchent sur une opposition systématique entre coaching et clinique, et positionnent le praticien de l'accompagnement comme un agent de l'abêtissement général et du maintien d'un ordre social répressif.

On ne sait trop s'il faut rire ou pleurer devant une description aussi caricaturale et erronée, qui témoigne surtout d'une ignorance de ce qu'est le métier de l'accompagnement et du milieu des professionnels du coaching.

Comme nous l'avons exposé dans cet ouvrage, le coaching s'inscrit dans des traditions d'accompagnement bien antérieures à celle du coaching sportif, qui, lorsqu'il revêt son aspect d'entraînement à une performance peu compatible avec l'écologie du sportif, nous paraît effectivement critiquable.

Bien sûr, le coaching s'établit dans un cadre marchand et se donne pour objectif de dépasser un cap délicat ou de trouver des modalités d'interaction plus justes avec l'environnement professionnel pour le coaché. Cependant, le coaching est avant tout une relation entre deux personnes qui ouvre un espace de prise de conscience et d'élaboration*. Par ailleurs, ce travail s'inscrit dans un cadre, lui-même régi par les codes de déontologie des sociétés professionnelles.

Les coachs font appel à des référentiels théoriques différents et tous ne s'inscrivent pas dans le courant des thérapies comportementales, loin s'en faut. Ce sont, pour la plupart d'entre eux, des professionnels expérimentés, ayant fait le choix en conscience d'exercer cette profession. Connaissant bien le monde des entreprises et formés à la relation d'aide, ils sont soucieux de contribuer à une nouvelle façon de penser le rapport au monde du travail. Ils l'envisagent non comme un lieu d'aliénation où il faudrait encourager les collaborateurs à continuer de courir comme des poules sans tête, mais au contraire avec le souci de trouver des équilibres socio-économiques et politiques plus justes.

Les coachs professionnels ont à cœur de respecter les prérequis indispensables à leurs interventions et d'être garants de la confidentialité de leurs interventions. Ces coachs sont eux-mêmes engagés dans une réflexion approfondie sur le sens de leur action et n'agissent pas au gré des demandes et des sollicitations sans réflexion préalable.

Si le coaching était ce que décrivent Roland Gori et Pierre Le Coz, il serait effectivement urgent de mettre en œuvre tous les moyens de l'éradiquer des pratiques d'accompagnement dans les organisations… mais le coaching existe, il est exercé par des professionnels conscients et responsables et il ne mérite pas cette mise au pilori.

C'est d'ailleurs une proposition étonnante que de vouloir supprimer une activité qui existe et ne cesse de se développer depuis plus d'une décennie. Une baguette magique pourrait-elle suffire à cette disparition ? Faut-il entamer une croisade pour supprimer cette modalité d'accompagnement ?

Il nous paraît plus intéressant de nous interroger sur ce que le développement de cette activité signifie et de travailler activement, sur le terrain, à ce qu'elle devienne une discipline à part entière, reconnue au sein des sciences humaines, pratiquée par des professionnels formés et responsables.

De nombreux dirigeants d'entreprise et de directeurs des ressources humaines y font appel et en mesurent l'intérêt. Et tous ne sont pas les tenants d'un ultralibéralisme virulent, détournant sans cesse le développement des hommes vers une logique de profit et de performance exacerbée !

Actuellement, des coachs témoignent de l'évolution de la demande des entreprises concernant le coaching. Il est de plus en plus question de favoriser pour les coachés l'ouverture à la complexité, la prise en compte de la diversité et l'acquisition d'une plus grande maturité relationnelle.

Si le coaching se développe, c'est donc qu'il correspond à un besoin profond de trouver de nouveaux repères individuels et collectifs au

Conclusion : critiques et avenir du coaching

sein des organisations. Il est une réalité bien installée que la simple injonction ne suffira pas à supprimer, n'en déplaise à ses détracteurs. Il s'inscrit aujourd'hui dans une praxis et, pour paraphraser le titre d'un ouvrage qui a fait récemment parler de lui, il n'est pas « la fabrique du crétin » que certains dénoncent.

En effet, contrairement à ce qu'affirment Roland Gori et Pierre Le Coz, ce n'est pas « sur le terreau de cette culture de l'individu *souverain et conformiste* que prolifèrent les différentes techniques du coaching, toutes compatibles avec la constitution d'un sujet éthique postmoderne et néolibéral[1] ». L'expérience prouve que le coaching, bien conduit, est un moyen de permettre à des individus sous pression dans les entreprises, de prendre du recul, de faire le point et de trouver des modalités d'interaction plus justes avec leur environnement. Il engage à une meilleure connaissance de soi-même, à une compréhension plus fine des relations avec l'environnement et à un niveau de conscience plus élevé des enjeux collectifs, économiques et politiques d'une situation. Sens des responsabilités et éthique y sont largement sollicités et ne peuvent que s'y développer.

Dans *Les Managers de l'âme : le développement personnel en entreprise, nouvelle pratique du pouvoir ?*, Valérie Brunel mène une réflexion intéressante sur les risques de détournement de la notion de développement personnel dans les organisations, au profit d'une instrumentalisation des collaborateurs. Elle insiste avec raison sur le fait que « penser le monde du travail comme dépendant d'abord de paramètres interpersonnels, c'est prendre le risque de transformer les conflits organisationnels en conflits inter ou intrapsychiques[2] ».

L'expérience de nombreux accompagnements de type coaching, réalisés au cours de ces dernières années, nous permet de penser que le coaching peut justement favoriser chez un collaborateur la prise de conscience de la diversité des paramètres en présence et le dégage-

---

1. Roland Gori, Pierre Le Coz, *op. cit.*
2. Valérie Brunel, *Les Managers de l'âme : le développement personnel en entreprise, nouvelle pratique du pouvoir ?*, La Découverte, 2008.

ment d'un vécu uniquement intrapsychique des conflits dans lesquels il est pris.

Le coaching est une opportunité pour éclairer les contradictions dans lesquelles les individus sont enfermés au sein des organisations, comme les conflits entre les valeurs personnelles et les valeurs de l'organisation. Encore faut-il pouvoir repérer et nommer les unes et les autres, de façon à pouvoir les différencier et trouver de nouveaux points d'articulation ou de dégagement.

Valérie Brunel relève qu'« en appliquant à l'univers de l'organisation une réflexivité exclusivement narcissique [...] les théories du développement personnel tendent à psychologiser les causes de conflits et favoriser l'intériorisation de la contrainte sociale[1] ».

Elle prend l'exemple de l'outil typologique MBTI® (Myers-Briggs Type Indicator) pour dénoncer l'usage dangereux des démarches de connaissance de soi qui, sous couvert d'accès à une meilleure compréhension des dynamiques individuelles et interindividuelles, sont utilisées comme des démarches évaluatives, désignant les bons comportements et ceux qui sont inappropriés dans le contexte de l'organisation.

Sans entrer dans une polémique stérile, il paraît nécessaire de rappeler que les outils typologiques n'ont aucunement vocation à être utilisés de cette façon. Les praticiens qui sont formés à ces démarches en France s'engagent à ne pas diffuser de propos erronés sur les types psychologiques et à ne jamais les utiliser dans des contextes d'évaluation ou de sanction. Aucune préférence typologique n'a plus de valeur qu'une autre, et c'est la diversité des préférences présentes dans un groupe qui en fait la richesse.

Par ailleurs, une démarche effectuée à partir d'un outil typologique se traduit effectivement par un positionnement initial sur un type psychologique. Celui-ci est l'articulation des préférences conscientes. La démarche de connaissance de soi proposée par ce type d'outil est l'ouverture vers les parties plus inconscientes que l'individu tient à

---

1. Valérie Brunel, *op. cit.*

Conclusion : critiques et avenir du coaching

distance, et dont la reconnaissance favorisera un élargissement de la personnalité, dans la complexité et la tension entre des opposés.

Ce que Valérie Brunel dénonce, et avec justesse, vient donc moins interroger la vocation intrinsèque de l'outil que ses modalités d'utilisation dans les organisations par des praticiens peu scrupuleux du cadre déontologique dans lequel ils ont pourtant accepté de s'inscrire.

Nous évoquions tout à l'heure les origines diverses des praticiens de l'accompagnement et la pluralité des référentiels théoriques, des démarches ou des outils qu'ils utilisent. La plupart d'entre eux, en effet, font appel à des ressources engageant à une réflexion sur la dynamique personnelle du coaché, mais aussi à l'analyse des contextes dans lesquels il évolue. D'une façon « naturelle », les approches systémiques ou psychosociologiques font une large place à ces dimensions et considèrent toujours l'homme dans son environnement.

Ce sont ces différents niveaux de travail qui permettent de réintégrer les dimensions du collectif et du politique dans le coaching. C'est d'ailleurs une des raisons pour lesquelles il est très important que le coach intègre différentes épistémologies dans ses ressources, afin de ne pas rester « collé » à un niveau de travail.

Le coaching se situe à l'articulation de la psychologie et de la connaissance des organisations. Un accompagnement bien conduit prend en compte ces différents niveaux, engage le client à les articuler et à s'en dégager dans la mesure du possible.

Dans son ouvrage, Valérie Brunel remet en question la position du manager coach. C'est un point qui a été peu discuté dans les différents chapitres de cet ouvrage, mais les contradictions qu'elle dénonce dans l'exercice conjoint du management et du coaching semblent d'une grande pertinence. C'est certainement là l'une des dérives du coaching que de vouloir le cuisiner à toutes les sauces.

Le coaching s'exerce dans un cadre spécifique et le coach est dans une posture particulière, à une distance particulière. Ces caractéristiques ne font pas forcément bon ménage avec l'exercice d'une fonction managériale ou d'expertise, et pourraient même créer une confusion, voire installer une sorte d'injonction paradoxale. Laissons donc les managers manager et les coachs accompagner.

D'une façon générale, notons que les coachs sont un peu frileux et craintifs pour se défendre face aux attaques de l'extérieur. Ils ont du mal à exposer leurs arguments, issus de la praxis, alors que leurs détracteurs ont souvent une position théorique, plus dogmatique que véritablement fondée sur une connaissance du monde des organisations et du terrain de l'accompagnement.

Le monde du travail

Les positions que les uns ou les autres expriment face au coaching sont en lien direct avec les représentations* qu'ils ont du monde du travail. Pour ceux qui considèrent le travail comme un *labeur* aliénant et l'entreprise comme le lieu de cette aliénation, le coaching et les coachs sont perçus comme les agents de la contrainte individuelle et sociale, qui œuvrent, inconsciemment, au maintien de cette aliénation.

Pour ceux qui pensent le travail comme un *opus*, le travail et l'entreprise sont envisagés comme des lieux de réalisation personnelle et collective, donnant des repères et favorisant les échanges de savoirs et l'interaction socialisante. Le coaching est alors considéré comme une évidence, aidant à la fois les individus et les organisations à développer leurs ressources. Les dysfonctionnements organisationnels et les conflits qui en découlent sont alors évacués au profit d'une vision idéalisée, « a-conflictuelle », dont toute position critique est exclue.

Une ligne de démarcation semble séparer ces deux mondes. Elle oppose les tenants des deux camps, qui, loin de se parler, soliloquent et légitiment entre eux le bien-fondé de leurs positions. On retrouve d'ailleurs des coachs de chaque côté de cette ligne de démarcation. En forçant à peine le trait, il y a ceux qui se considèrent au service des entreprises clientes et qui ont tendance à considérer toute commande comme étant bonne à prendre, et ceux qui se vivent comme étant

Conclusion : critiques et avenir du coaching

missionnés pour aider le coaché à se développer coûte que coûte, y compris, et surtout, contre l'entreprise.

En tant que coach, faire l'impasse sur les contraintes que le monde du travail impose aux individus et la violence que certains systèmes managériaux font vivre aux individus et aux groupes serait faire preuve d'un aveuglement coupable. Tous les groupes professionnels sont potentiellement touchés par ces dérapages : ceux qui exercent des fonctions d'exécution, dont les cadences et les modalités d'organisation sont déshumanisantes[1], mais aussi les cadres, « frappés par les maladies de l'excellence, résultats de systèmes managériaux qui cultivent à outrance le culte de la performance individuelle et collective et qui atteignent ceux que leur structure psychique rend plus particulièrement réceptifs à cette tentation[2] ».

C'est toute la question de la souffrance au travail qui est ainsi posée, et de ses effets pathogènes sur le fonctionnement psychique des individus et des groupes.

Mais il semble tout aussi évident que l'entreprise n'est pas seulement le lieu d'aliénation que certains décrivent, dans une vision doloriste du travail. Elle est un lieu de fabrication de liens, d'intégration sociale, de créativité personnelle et collective et d'élaboration de repères.

Les parcours professionnels que les individus façonnent, au fur et à mesure des différentes étapes de vie, sont des espaces de construction des savoirs : savoir-faire, savoir-être, et savoir-vivre ensemble. Ces espaces sont aussi les garants des équilibres individuels et collectifs et du maintien de la santé psychique et physique.

Il suffit de constater la souffrance de ceux qui sont privés de leur emploi ou qui arrivent au moment de la retraite sans s'y être préparés pour s'en rendre compte. La liste est longue des dé-liaisons sociales, familiales et personnelles que ces ruptures entraînent. Et puis, il y a ce sentiment d'utilité, si rarement évoqué en France, qui vient à manquer. Ne plus avoir de travail, c'est aussi ne plus être en mesure

---

1. Christophe Dejours, *Travail, usure mentale*, Bayard, 2008.
2. Nicole Aubert, Vincent de Gaulejac, *Le Coût de l'excellence*, Seuil, 2007.

d'exercer son registre de compétences, ne plus participer à l'édifice collectif, ne plus apporter son expérience au groupe. Ce sont toutes ces amputations qui contribuent au sentiment de perte de sens.

L'avenir du coaching

Si l'on considère le coaching comme un espace où sont travaillés la dynamique individuelle et son rapport au groupe et au collectif, on peut envisager celui-ci comme une modalité nouvelle, permettant de questionner le rapport au travail, entre *labeur* et *opus*, et de dégager une troisième voie.

Les individus, comme les groupes, ont la capacité de trouver des modalités d'interactions créatives visant leur évolution vers un plus grand équilibre et la transformation de leurs environnements. Par exemple, à l'issue d'un coaching, une personne a gagné en ressources pour mettre en œuvre des modalités relationnelles plus fructueuses avec son hiérarchique. Elle a compris que les tensions qui compliquaient leurs échanges étaient tout autant liées à un dysfonctionnement organisationnel qu'à sa façon d'y réagir. Le coaché a fait le lien entre cette situation présente et d'autres événements de sa vie familiale qui sont entrés en résonance avec son vécu actuel. Se décentrant, il a aussi perçu les difficultés de son hiérarchique et les fortes contraintes que celui-ci subit. Toutes ces prises de conscience ont été accompagnées d'expérimentations nouvelles qui ont ouvert des voies inexplorées pour interagir différemment. Autre compréhension, autre regard, autre positionnement… le coaché a évolué, la relation avec son hiérarchique s'est transformée, le système a bougé.

L'expérience montre que le coaching est un vecteur de transformation des personnes et des groupes *via* une conscience accrue des enjeux personnels, organisationnels, économiques et politiques des situations. Thierry Chavel évoque le coaching, dans son inspiration philosophique, comme un accompagnement à la verticalité[1]. Il s'agit

---

1. Thierry Chavel, « Philosophie et coaching », dans Pierre Angel, Patrick Amar, Émilie Devienne, Jacques Tencé, *Dictionnaire des coachings*, *op. cit.*

Conclusion : critiques et avenir du coaching

effectivement de se redresser, de trouver un axe stable et de porter le regard loin autour de soi. Cette verticalité est liée à la conscience de soi-même, qui donne accès à l'autre et au monde. Elle est une condition préalable à l'émergence de la notion de responsabilité et d'éthique.

Le coaching est une discipline récente même si elle acquiert progressivement maturité et recul. Elle navigue encore entre les deux écueils que sont la psychologisation des rapports sociaux et la visée de suradaptation à des normes de performance et de contrôle social.

C'est en continuant de se professionnaliser, en croisant pratiques et théories, et en convoquant d'autres disciplines, issues du champ des sciences humaines, que les coachs pourront éviter ces écueils. En 2005, la Société française de coaching a organisé un premier colloque intitulé « Le Coaching, phénomène de société[1] ». Cette manifestation a été l'occasion d'échanger avec des philosophes, des sociologues et des psychosociologues, des historiens et des théologiens sur l'émergence de cette nouvelle activité. Les apports de ces spécialistes ont été d'une grande richesse, car ils ont permis de resituer le coaching dans un contexte historique, conceptuel et sociétal.

Au cours de ces dernières années, ces réflexions n'ont cessé de se poursuivre et de s'enrichir[2]. Contrairement à ce qu'en disent certains de leurs détracteurs, la plupart des coachs sont des praticiens responsables, engagés dans un questionnement concernant les interactions entre l'individuel et le social. C'est sur cette génération de professionnels exigeants, impliqués dans des processus de recherche et de développement, que repose désormais l'avenir du coaching. Ce sont eux qui feront du coaching une discipline à part entière dans le champ des sciences humaines.

Parce qu'il est une proposition de réflexivité pour tous ceux qui le pratiquent et en bénéficient, le coaching est toujours porteur d'une dimension subversive. Il s'agit bien d'opérer un retournement, un

---
1. Société française de coaching, *Le Coaching, phénomène de société, op. cit.*
2. Société française de coaching, *Devenir du coaching, devenir du travail*. Actes du colloque 2010 de la Société française de coaching, JePublie, 2010.

renversement de point de vue, comme l'étymologie du terme « subversif » l'indique.

Le coaching suscite la réflexion sur la place du sujet, du désir, de la cohérence et du sens. Il questionne sur les interactions entre le sujet et son environnement et ouvre à la prise en compte de la dimension politique. Le coach est donc un passeur vers plus d'éthique et de responsabilité, un professionnel engagé dans la vie de la cité, qui ne cesse de se questionner sur sa posture et sa pratique.

Le coach comme éveilleur de conscience : cette proposition vaut d'abord pour lui-même et il ne cesse de se l'appliquer à travers sa démarche réflexive. Elle est aussi le fil d'Ariane de son intervention auprès de celles et ceux qu'il accompagne.

Glossaire

Analyse de contrôle (ou sous contrôle)
Cure psychanalytique menée par un analyste en formation qui rapporte à un collègue plus expérimenté les matériaux, les contenus et les mouvements transférentiels et contre-transférentiels à l'œuvre dans cette cure. Cette pratique, en usage dans toutes les sociétés psychanalytiques, est aussi parfois appelée « supervision » ou « contrôle ».

Analyse didactique
Cure psychanalytique personnelle que doit suivre toute personne désirant devenir psychanalyste. Cette cure se déroule généralement auprès d'un analyste confirmé que sa société psychanalytique d'appartenance a désigné comme étant en mesure d'accompagner un futur confrère en formation. La psychanalyse didactique fait partie du dispositif de formation, mais elle ne peut se substituer au cursus théorique.

Archétype
Dans la psychologie analytique jungienne, structure vide faisant office de matrice virtuelle à l'origine d'un certain type d'images, d'idées, de comportements, d'émotions, etc., comme on les rencontre dans les mythes, les contes, les rêves, les imaginations ou les délires psychotiques[1]. Les archétypes sont les structures mêmes de la psyché

---

1. Aimé Agnel (dir.), *Le Vocabulaire de Carl Gustav Jung*, op. cit.

et on les retrouve dans toutes les productions de l'humanité. Dotés d'une forte intensité énergétique, ils peuvent entraîner des phénomènes de fascination et de possession.

Castration

Dans son sens psychanalytique freudien initial, concept couplé à celui de complexe d'Œdipe et renvoyant à la peur de l'ablation du pénis chez le petit garçon. Le terme de « castration » recouvre aujourd'hui un ensemble conceptuel plus large. Sur le plan symbolique, il oriente vers l'ensemble des pertes, des manques et des limites que chaque être humain sera amené à vivre, à intégrer et qui seront fondateurs de sa position de sujet, respectueux des autres.

Complexe

Dans la psychologie analytique jungienne, fragment de la psyché à forte tonalité affective et jouissant d'une certaine autonomie. À l'origine du complexe, il y a souvent « un choc émotionnel, un traumatisme [...] ayant pour effet de séparer un compartiment de la psyché[1] ». Les complexes représentent aussi une organisation de la personnalité, structurée à travers différentes instances.

Complexe de puissance

Complexe lié à des aspects du moi qui cherchent des situations permettant de se mettre en avant, de se valoriser, souvent au détriment des autres. La personne a une haute idée d'elle-même, de ce qu'elle fait, et a tendance à considérer qu'elle se situe au-dessus des autres. Elle entretient une sorte de compétition permanente et, dans les cas extrêmes, elle peut avoir des difficultés à supporter la contradiction.

Crise de mi-vie

Période charnière se situant entre trente-cinq et cinquante ans (sans qu'il soit fait référence à un âge particulier). Les intérêts, les investis-

---

1. Carl Gustav Jung, *L'Homme à la découverte de son âme*, op. cit.

sements et les valeurs de la première partie de vie sont progressivement et en partie délaissés au profit d'une nouvelle orientation. Si ce processus n'est pas contrarié, il correspond à un élargissement de la personnalité, comme on l'observe souvent chez les personnes qui le vivent.

Décompensation psychosomatique

Articulation entre des états de stress, d'anxiété ou d'angoisse et l'apparition de maladies diverses et variées. Certains événements et étapes de vie sont propices à l'émergence de ces manifestations somatiques, comme la perte de son emploi ou le départ à la retraite. La personne exprime sa détresse par la mise en maux de ses souffrances. Les symptômes peuvent être bénins (maux de tête, de dos, de ventre) ou aller jusqu'à des maladies graves et invalidantes.

Élaboration

Processus de réflexion permettant au sujet de se distancier de la situation dans laquelle il se trouve. Ce processus débouche sur une mise en perspective de la situation ou de l'événement avec d'autres éléments dont le sujet n'était pas conscient. Une compréhension nouvelle et une attitude transformée vis-à-vis de cette situation en découlent.

Coélaboration

Démarche spécifique d'élaboration menée conjointement par deux personnes travaillant ensemble dans le cadre d'un coaching ou d'un accompagnement. Cette démarche transforme la compréhension et la position des deux protagonistes.

Extraversion

Dans la typologie jungienne, attitude du moi conscient (c'est-à-dire une forme d'adaptation à une situation) suivant la direction que prend la libido. Cette orientation se fait vers le monde et les objets extérieurs pour l'extraversion.

Faille narcissique

Le narcissisme renvoie à une attention exclusive portée à soi-même à travers une fixation affective, un amour de soi. La faille narcissique décrit un état de carence affective remontant à un stade de développement ancien. Cette faille narcissique se traduit souvent par des attitudes de compensation : il s'agit de réparer (en s'occupant des autres, par exemple), de colmater, de dépasser cette carence en affirmant sa force et ses qualités positives. Cette faille narcissique peut parfois se traduire par l'expression d'un sentiment de supériorité compensatoire.

Fonctions (psychologiques)

Jung parle de quatre fonctions psychiques fondamentales qui orientent le moi conscient dans sa relation avec le monde extérieur comme avec le monde intérieur. Par le biais des fonctions irrationnelles de perception, la *sensation* permet de constater ce qui existe réellement, alors que l'*intuition* indique les possibilités d'origine et de but. À travers les fonctions rationnelles de jugement, la *pensée* permet de connaître la signification de ce qui existe, alors que le *sentiment* indique quelle en est la valeur. Ces quatre fonctions se présentent comme deux paires d'opposés en tension entre les pôles conscient et inconscient.

Idéalisation

Mouvement qui amène le sujet à investir de façon particulière une personne, une idée ou une organisation. Ces objets se voient alors parés de toutes les qualités positives, sans rapport le plus souvent avec la réalité objective. Cette idéalisation fait perdre au sujet une partie de son autonomie et le rend dépendant des objets idéalisés. Il s'agit, dans la plupart des cas, d'un mécanisme de défense pour éviter une confrontation trop brutale avec des objets qui posséderaient à la fois des qualités positives et des aspects négatifs.

Position idéale

Position permettant au sujet de rejoindre ses objets idéalisés en récupérant pour lui toutes les qualités qu'il leur attribue. Cette position lui permet de tenir à distance ses propres aspects négatifs et de faire l'économie d'une reconnaissance de sa limite et de son ombre.

Identification
« Processus par lequel un individu confond ce qui arrive à un autre avec ce qui lui arrive à lui-même[1]. » Ce mouvement d'identification revient à s'approprier le vécu de l'autre, ses attributs et ses pensées comme étant les siens propres, sans pouvoir démêler ses différents plans.

Contre-identification
Mouvement de dégagement d'un processus d'identification débouchant sur une différenciation radicale entre ce qui arrive à un autre et ce qui arrive au sujet. Aucun rapprochement n'est alors possible, rien ne peut être commun entre les deux individus. Ce mouvement peut être tout aussi excessif que le mouvement premier d'identification.

Inconscient collectif
Dans la psychologie analytique jungienne, ensemble structurel dont les archétypes sont les catégories et qui représente un réservoir de symboles, de mythes et d'énergie dont on retrouve l'expression dans différentes formes de création chez différents peuples. Chaque individu est détenteur de l'ensemble de ces richesses, mais il les actualisera d'une façon unique, en lien avec les codes et les *habitus* du groupe humain dans lequel il vit.

Individuation
Processus naturel de transformation intérieure, vécu consciemment ou non, par lequel un être devient « un "individu" psychologique, c'est-à-dire une unité autonome et indivisible, une totalité[2] ». Elle correspond, entre autres, à l'intégration progressive des fonctions

---
1. *Dictionnaire Petit Robert*, Le Robert, 1967.
2. Carl Gustav Jung, *La Guérison psychologique, op. cit.*

psychologiques opposées à celles qui avaient émergé chez le sujet en première partie de vie.

Introversion

Dans la typologie jungienne, attitude du moi conscient (c'est-à-dire une forme d'adaptation à une situation) suivant la direction que prend la libido. Cette orientation se fait vers le monde et les objets intérieurs pour l'introversion.

Mécanismes de défense

Processus psychiques propres à toute personnalité cherchant à conserver un bon équilibre interne. Ces mécanismes ont pour fonction l'organisation et le maintien des conditions psychiques optimales pouvant aider le moi du sujet à affronter et à éviter le malaise psychique et l'angoisse[1]. Leur utilisation inappropriée ou systématique peut se traduire par une rigidification de la personnalité ou par un blocage de la croissance psychique.

Moi

Complexe central (au sens jungien du terme) sur lequel repose une grande partie de la dynamique consciente du sujet. Pour Jung, un moi sain est un moi souple, en relation avec les processus inconscients, en même temps qu'il est capable de soutenir l'investissement dans le monde extérieur.

Ombre

Dans la psychologie analytique jungienne, complexe qui regroupe les aspects déplaisants ou inacceptables d'une personnalité dans un temps et une époque donnés. Il s'agit des aspects qu'une personne préfère ne pas reconnaître et a tendance à projeter sur les autres ou à leur attribuer. La reconnaissance de l'ombre est souvent la première étape d'un travail thérapeutique.

---

1. Alain de Mijolla, *op. cit.*

Persona

Dans la psychologie analytique jungienne, complexe à travers lequel se met en place le rapport avec le monde extérieur. Le terme, qui vient du latin, désignait le masque que les acteurs du théâtre antique utilisaient à la fois pour indiquer au public le personnage qu'ils jouaient et pour faire résonner leur voix. C'est un « dispositif d'adaptation au monde que nous développons dans nos rapports avec lui[1] ». La persona est nécessaire en même temps qu'il est essentiel de pouvoir s'en distancier.

Position de sujet

Modalité de rapport au monde qui permet à une personne de se vivre comme sujet de son action tout en étant en interaction constante avec ce qui l'entoure. Le sujet est conscient qu'il y a un lien entre ce qu'il vit, ce qui lui arrive et la personne qu'il est, tout en étant en mesure d'accepter que certains événements soient liés au contexte dans lequel il se trouve et donc ne dépendent pas de lui.

Projection

Mécanisme de défense par lequel le sujet attribue à autrui des idées, des affects désagréables qu'il ne peut pas accepter pour son propre compte, voire des comportements intentionnels. Une certaine agressivité ou une forme d'envie peuvent être projetées sur un autre, car celui ou celle qui les ressent n'accepte pas de les reconnaître. Le « bénéficiaire » de la projection se voit alors reprocher son attitude agressive ou son comportement envieux, alors que ces caractéristiques appartiennent à celui ou celle qui lui en fait le reproche.

Mouvements de projection

Mouvements presque toujours à l'œuvre dans les relations humaines. Chaque personne, sans en être consciente, attribue à son entourage des éléments qui lui appartiennent et qu'elle n'est pas en mesure d'accepter ou d'intégrer. Ces mouvements peuvent

---

1. Carl Gustav Jung, *L'Âme et le Soi*, Albin Michel, 2000.

devenir franchement pathologiques, comme dans la paranoïa, où tout l'environnement de la personne est perçu par elle comme hostile et dangereux.

Refoulé/refoulement

Mécanisme par lequel le sujet repousse et maintient à distance des représentations inconciliables avec les valeurs de son moi. C'est un mode de défense privilégié contre les expressions pulsionnelles trop « crues ». Le refoulement peut concerner des souvenirs, des images ou des pensées. Ce qui ne peut devenir ou rester conscient a tendance à retomber à un niveau plus inconscient.

Représentation

Mise en forme que le sujet effectue, à partir de sa dynamique consciente et inconsciente, de la perception d'une situation, d'une relation ou d'un affect. Cette mise en forme revêt un caractère particulier, spécifique au sujet, puisqu'elle est étroitement liée à son équation personnelle. La plupart du temps, le sujet n'en a pas conscience et il est convaincu que sa représentation de la situation, de la relation ou de l'affect correspond à la réalité de ces objets.

Sécurité ontologique

Sentiment de sécurité intérieure ressentie par un individu, par exemple un praticien de l'accompagnement, dans l'exercice de son métier. Tout en étant sensible aux difficultés rencontrées dans sa pratique et aux enjeux de son activité pour les personnes qu'il accompagne, il conserve un centre de gravité constant, une façon de se centrer sur son être profond, qui lui permet de tenir une position stable.

Soi

Concept complexe et paradoxal envisagé par Jung comme une totalité englobant les aspects conscients du moi en même temps que les dimensions inconscientes de l'être. Le soi est à la fois un centre et une totalité.

Transfert

Dans le champ psychanalytique, « désigne la transposition, le report sur une autre personne – et principalement le psychanalyste – de sentiments, désirs, modalités relationnelles jadis organisés ou éprouvés par rapport à des personnages très investis dans l'histoire du sujet[1] ». Au-delà de ce contexte thérapeutique, le transfert est à considérer comme le paradigme des rapports humains en général. Il se produit toutes les fois que deux personnes entrent en relation l'une avec l'autre.

Contre-transfert

Dans le champ psychanalytique, désigne les sentiments, les désirs ou les modalités relationnelles que le thérapeute ressent envers son patient. L'analyse de son contre-transfert permet souvent au psychanalyste de formuler des hypothèses sur le type de relations que le patient a eues avec ses parents ou a encore avec ses proches. Telle attitude du patient va générer de la compassion, telle autre suscite une certaine agressivité chez le thérapeute, dans une sorte de reviviscence des scénarios infantiles.

Mouvements transférentiels

Dynamique qui anime toute relation humaine en même temps qu'une des modalités essentielles de tout processus thérapeutique ou d'accompagnement. Les deux protagonistes sont impliqués dans ces mouvements qui les transforment tous les deux. En découvrant les réactions et les sentiments de l'autre et réciproquement, chacun est invité à prendre conscience de ce qui lui appartient, de ce qui appartient à l'autre et de la nature particulière du lien qui les unit.

Éprouvé du transfert

Sensations, intuitions, pensées et sentiments qui émergent dans le cadre de la rencontre entre un thérapeute et son patient ou un accompagnant et son client. Ces ressentis concernent bien sûr les

---

1. Alain de Mijolla, *op.cit.*

deux personnes impliquées dans cette relation. Leur intensité est telle qu'elle peut jouer un rôle de catalyseur, apporter une énergie nouvelle et relancer un processus créatif.

Toute-puissance infantile

Position omnipotente que la personne peut avoir conservée à l'âge adulte et qui correspond à un stade infantile où l'enfant se vit comme au centre du monde et des intérêts de ceux qui s'occupent de lui. Tout va toujours être ramené à sa personne, à ses intérêts personnels, à son bien-être. La difficulté de prendre en compte les limites est réelle, de même que celle de se situer en interaction avec autrui, sur un pied d'égalité.

Bibliographie

AGNEL Aimé, *Jung, la passion de l'Autre*, coll. Les essentiels, Milan, 2004.

AGNEL Aimé (dir.), *Le Vocabulaire de Carl Gustav Jung*, Ellipses, 2005.

ANGEL Pierre, AMAR Patrick, DEVIENNE Émilie, TENCÉ Jacques, *Dictionnaire des coachings*, Dunod, 2007.

ANGEL Pierre, AMAR Patrick, *Le Coaching*, coll. Que sais-je ?, PUF, 2006.

ARRIVÉ Jean-Yves, FRINGS-JUTON Isabelle, *Maîtriser le coaching*, Éditions Liaisons, 2004.

AUBERT Nicole, *Sociologies cliniques*, EPI, 1993.

AUBERT Nicole, GAULEJAC Vincent de, *Le Coût de l'excellence*, Seuil, 2007.

AUGUSTIN (saint), *Les Confessions*, Flammarion, 2008.

AUGUSTIN (saint), *La Cité de Dieu*, coll. Bibliothèque de la Pléiade, Gallimard, 2002.

BAIR Deirdre, *Jung*, coll. Grandes Biographies, Flammarion, 2007.

BARTABAS, VILLANI Cédric, *Comment conjuguer passion & création*, Favre, coll. « Caracole », 2014.

BARUS-MICHEL Jacqueline, ENRIQUEZ Eugène, LÉVY André, *Vocabulaire de psychologie*, Érès, 2002.

BENEDEK Lisbeth von, *La Crise du milieu de vie. Un tournant, une seconde chance*, Eyrolles, 2010.

Bigot Philippe, *Le Coaching Orienté Solution*®, 2ᵉ édition, Eyrolles, 2014.

Bigot Philippe, « L'à-venir du travail », *Cahiers jungiens de psychanalyse*, Travail et sens, n° 140, novembre 2014.

Blanc-Sahnoun Pierre, « Démarche narrative », dans Pierre Angel, Patrick Amar, Émilie Devienne, Jacques Tencé, *Dictionnaire des coachings*, Dunod, 2007.

Blanché Anasthasia, Francequin Ginette, « Histoires de vie et démarches d'orientation », *Éducation permanente*, n° 142, 2000.

Blanché Anasthasia, Francequin Ginette, « L'orientation : entre déterminismes et libertés », *Revue internationale de psychosociologie*, n° 14, 2000.

Blanché Anasthasia, *La Retraite, une nouvelle vie. Une odyssée personnelle et collective*, Odile Jacob, 2014.

Sous la direction de Bournois Frank et Chavel Thierry, *Le Livre d'or du coaching. Nouvelles pratiques et perspectives*, Eyrolles, 2013.

Brunel Valérie, *Les Managers de l'âme : le développement personnel en entreprise, nouvelle pratique du pouvoir ?*, La Découverte, 2008.

Caillé Alain, Grésy Jean-Édouard, *La Révolution du don. Le management repensé*, Seuil, coll. « Économie humaine », 2014.

Cerf Martine, Devienne Émilie, *Envie de changer, Pratiques et théories du coaching*, Larousse, 2008.

Chabreuil Fabien, Chabreuil Patricia, *Comprendre et gérer les types de personnalité*, Dunod, 2005.

Chavel Thierry, *Le Coaching du dirigeant*, Éditions d'Organisation, 2007.

Chavel Thierry, « Le rapport au pouvoir : l'éminence grise », dans *Le coaching, phénomène de société*, actes du colloque SFCoach, Le Manuscrit, 2005.

Chavel Thierry, « Philosophie et coaching », dans Pierre Angel, Patrick Amar, Émilie Devienne, Jacques Tencé, *Dictionnaire des coachings*, Dunod, 2007.

COLLIGNON Gérard, LEGRAND Pascal, *Coacher avec la Process Communication*, InterÉditions, 2006.

COTTRET Monique, *Jansénismes et Lumières, pour un autre XVIIIe siècle*, Albin Michel, 2000.

DEJOURS Christophe, *Travail, usure mentale*, Bayard, 2008.

DESCHAVANNE Éric, TAVOILLOT Pierre-Henri, *Philosophie des âges de la vie*, Grasset, 2007.

DEVIENNE Émilie, *La Famille recomposée. Toi, moi et tous nos enfants*, Larousse, 2009.

Sous la direction de DEVIENNE Émilie, *Le Grand Livre de la supervision*, Eyrolles, 2010.

Sous la direction de DEVIENNE Émilie, *Les 110 Fiches outils du coaching*, Eyrolles, 2105.

DORGUEILH Valérie, HALBOUT Reine-Marie, *Les Types psychologiques sous l'angle de la dynamique des fonctions*, ECPA, 2006.

DUBOIS Jean, MITTERAND Henri, DAUZAT Albert, *Dictionnaire étymologique*, Larousse, 2001.

EHRENBERG Alain, *La Fatigue d'être soi, Dépression et société*, Poches Odile Jacob, 2000.

ELKAÏM Mony (dir.), *À quel psy se vouer ?*, coll. Couleur Psy, Seuil, 2003.

ELLENBERGER Henri-Frédéric, *Histoire de la découverte de l'inconscient*, Fayard, 2001.

FOURÈS Éléna, *Petit Traité des abus ordinaires*, Éditions d'Organisation, 2004.

FOURNIER Martine (dir.), « Les âges de la vie bouleversés », *Sciences humaines*, n° 193, mai 2008.

FRANZ Marie-Louise von, *Psychothérapie, l'expérience du praticien*, Dervy Poche, 2007.

FREUD Sigmund, *L'Interprétation des rêves*, PUF, 1999.

FREUD Sigmund, JUNG Carl Gustav, *Correspondance (1906-1914)*, Gallimard, 1992.

GAULEJAC Vincent de, « Les avatars de la gestion de soi », dans *Le Coaching, phénomène de société*, actes du colloque SFCoach, Le Manuscrit, 2005.

GAULEJAC Vincent de, *La Névrose de classe*, Hommes & Groupes, 2001.

GAULEJAC Vincent de, *Travail. Les raisons de la colère*, Seuil, coll. « Économie Humaine », 2011.

Sous la direction de GAULEJAC Vincent de, HANNIQUE Fabienne et ROCHE Pierre, *La Sociologie clinique. Enjeux théoriques et méthodologiques*, Érès Éditions, 2007.

GORI Roland, LE COZ Pierre, *L'Empire des coachs, une nouvelle forme de contrôle social,* Albin Michel, 2006.

HADOT Pierre, *Qu'est-ce que la philosophie antique ?*, coll. Folio Essais, Gallimard, 1995.

HALBOUT Reine-Marie, « Psychologie, connaissance de soi et orientation », *Psychologues et Psychologies*, n° 197-V, décembre 2007.

HALBOUT Reine-Marie, DORGUEILH Valérie, *Accompagnement individuel avec l'Inventaire typologique de développement de Golden,* ECPA, 2006.

HALBOUT Reine-Marie, DORGUEILH Valérie, *Accompagnement d'équipe avec l'Inventaire typologique de développement de Golden*, ECPA, 2005.

HILLMAN James, *Le Mythe de la psychanalyse*, Rivages, 2006.

JAILLON Dominique, « Pour un praticien réflexif et congruent », dans *Coaching professionnel : quelles spécificités ?*, actes du colloque SFCoach, Le Manuscrit, 2008.

JULLIEN François, *Nourrir sa vie, À l'écart du bonheur*, Seuil, 2005.

JUNG Carl Gustav, *L'Âme et la vie*, Buchet-Chastel, 1965.

JUNG Carl Gustav, *L'Âme et le soi*, Albin Michel, 1990.

JUNG Carl Gustav, *L'Homme à la découverte de son âme*, Albin Michel, 2000.

JUNG Carl Gustav, *La Guérison psychologique*, Georg, 1987.

JUNG Carl Gustav, *Ma Vie, Souvenirs, rêves et pensées*, Gallimard, 2000.

JUNG Carl Gustav, *Types psychologiques*, Georg, 1990.

LENHARDT Vincent, *Les Responsables porteurs de sens*, Insep Consulting, 2002.

MACHIAVEL Nicolas, *Le Prince*, Mille et une nuits, 1999.

MIJOLLA Alain de, *Dictionnaire international de la psychanalyse*, Hachette, 2005.

MILLER Alice, *L'Avenir du drame de l'enfant doué*, coll. Le Fil rouge, PUF, 2003.

MILLET-BARTOLI Françoise, *La Crise du milieu de la vie*, Odile Jacob, 2006.

MORIN Edgar, *Introduction à la pensée complexe*, coll. Points Essais, Seuil, 2005.

MORIN Edgar, « Où va la France ? », *Le Monde 2*, n° 168, mai 2007.

O'DWYER DE MACEDO Heitor, *Lettres à une jeune psychanalyste*, Stock, 2008.

PASCAL Blaise, *Pensées*, Le Livre de Poche, 2000.

PAYETTE Adrien et CHAMPAGNE Claude, *Le Groupe de codéveloppement professionnel,* Presses universitaires du Québec, 2012.

PROUST François, « Le coaching avant le coaching », dans *Le Coaching, phénomène de société*, actes du colloque SFCoach, Le Manuscrit, 2005.

RABHI Pierre, *Vers la sobriété heureuse*, Babel, 2013.

SÉNÈQUE, *Entretiens, Lettres à Lucilius*, coll. Bouquins, Robert Laffont, 1993.

SOCIÉTÉ FRANÇAISE DE COACHING, *Le Coaching, phénomène de société*, actes du colloque, Le Manuscrit, 2005.

SOCIÉTÉ FRANÇAISE DE COACHING, *Coaching professionnel : quelles spécificités ?*, actes du colloque, Le Manuscrit, 2008.

SOCIÉTÉ FRANÇAISE DE COACHING, *Devenir du travail, devenir du coaching*, Actes du colloque 2010 de la Société française de coaching, JePublie, 2010.

SPINOZA Baruch, *Éthique*, Seuil, 1999.

THIBAUDIER Viviane, *100 % Jung*, Eyrolles, 2011.

TISSERON Serge, « La psychanalyse freudienne et ses voies nouvelles », dans Mony Elkaïm (dir.), *À quel psy se vouer ?*, coll. Couleur Psy, Seuil, 2003.

VERNANT Jean-Pierre, *Ulysse, suivi de Persée*, Bayard, 2004.

VIDAL-NAQUET Henri, *Le Monde d'Homère*, coll. Tempus, Perrin, 2002.

WHITMORE John, CARN Stéphane, *Coaching*, Maxima, 2001.

YALOM Irvin, *Thérapie existentielle*, Galaade Éditions, 2012.

Sites de sociétés professionnelles de coaching

EMCC France, l'Association européenne de coaching, www.emcc-france.org

International Coaching Federation France, www.coachfederation.fr

Société française de coaching, www.sfcoach.org

Convergence Conseil, www.convergencerh.com

Éditions du centre de psychologie appliquée, www.ecpa.fr

Institut international de sociologie clinique, www.sociologieclinique-iisc.com

Initiales Réseau Pluridis, www.initiales-reseau-pluridis.com

La Fabrique narrative, www.lafrabriquenarrative.org.

Médiat-Coaching, www.mediat-coaching.com

Mythe & Opéra, www.mytheetopera.fr

Pratiques narratives, www.pratiquesnarratives.com

Réseau Pluridis, www.reseau-pluridis.fr

Index des noms propres

A

Agrippine 17
Amar, Patrick 62, 147, 157, 204
Angel, Pierre 62, 147, 157, 204
Asclépios 66
Aristote 152
Athéna 86, 87
Aubert, Nicole 67, 203
Augustin (saint) 8, 21, 22, 23, 26

B

Bacon, Francis 83
Bair, Deirdre 52
Balint, Michael 91
Balzac, Honoré de 83
Bandler, Richard 155
Bartabas 190, 217
Barus-Michel, Jacqueline 67
Bateson, Gregory 157
Beck, Aaron 153
Berne, Éric 154
Bigot, Philippe 112, 150, 180, 218
Bion, Wilfred 148
Binswanger, Ludwig 152
Blanché, Anasthasia 158, 160, 161
Blanc-Sahnoun, Pierre 157, 158
Boss, Medard 152
Bourdieu, Pierre 157, 159
Bournois, Franck 105, 217
Brunel, Valérie 199, 200, 201
Bruner, Jérôme 157

C

Caillé, Alain 184, 185, 217
Calvin, Jean 22
Cazenave, Michel 52
Center for Creative Leadership 167
Cerf, Martine 157
Champagne, Claude 162, 218
Chavel, Thierry 30, 34, 105, 204
Claude (l'empereur) 17

D

Deleuze, Gilles 157
Derrida, Jacques 157, 180
Devienne, Émilie 62, 157, 204

E

EMCC France, l'Association européenne de coaching 79
Ennéagramme 166
Enriquez, Eugène 67, 158
Épicure 8, 13, 14, 152
Epston, David 156

F

Ferenczi, Sandor 91
Fliess, Wilhelm 90
Foucault, Michel 157, 180
Fourès, Éléna 193, 194
Frankl, Victor 149, 152
Franz, Marie-Louise von 50, 59, 60, 62, 77, 78
Freud, Sigmund 38, 39, 40, 51, 55, 88, 90, 91, 186

G

Gaulejac, Vincent de 46, 67, 131, 158, 159, 203
Geertz, Clifford 157
Golden 58, 164, 165
Gori, Roland 196, 198, 199
Gringer, John 155

H

Hadot, Pierre 14, 97
Haendel, Georg Friedrich 87
Hérodote 13
Hillman, James 44
Homère 33, 34
Huppert, Isabelle 26

I

Institut international de sociologie clinique 158, 222
International Coaching Federation France (ICFF) 79, 222

J

Jaillon, Dominique 146
Jansénius, Cornelius 25
Jaspers, Karl 152
Jullien, François 82
Jung, Carl Gustav 3, 4, 50, 51, 52, 53, 54, 55, 56, 57, 59, 66, 74, 78, 90, 148, 164, 207, 208, 210, 211, 212, 213, 214

K

Kahler, Taibi 165

L

Lacan, Jacques 89
La Chaise, père François Aix de 8, 34, 35
Lao Tseu 87
Le Coz, Pierre 196, 198, 199
Louis XIV 35
Luther, Martin 22
Lyotard, Jean-François 180

M

Machiavel, Nicolas 8, 30, 33
Maintenon, madame de 26
Marx, Karl 182
Mauss, Marcel 46, 184
May, Rollo 152

Mazuy, Patricia 26
MBTI 58, 200
Ménécée 13
Messaline 17
Mijolla, Alain de 44, 212, 215
Miller, Alice 63
Moïse 87
Monteverdi, Claudio 86
Morin, Edgar 52, 129, 159
Mozart, Wolfgang Amadeus 87
Myerhoff, Barbara 157

N
Nalet, Isabelle 159
Néron 16, 17, 18
Nietzsche, Friedrich 97

O
O'Dwyer de Macedo, Heitor 98, 100, 101

P
Pagès, Max 158
Pamina 87
Pankov, Gisela 100, 101
Pascal, Blaise 25, 26
Payette, Adrien 162, 221
Perl, Fritz 155
Piaget, Jean 153
Platon 8, 9, 14, 22, 152
Process Com 165
Pythagore 166
Pythoclès 13

R
Rabhi, Pierre 181, 218
Richelieu, Armand Jean du Plessis de 25
Rogers, Carl 148

S
Sarastro 87
Sénèque 8, 16, 17, 18
Shakespeare, William 83
Shazer, Steve de 150
Société française de coaching (SF-Coach) 34, 46, 79, 124, 146, 205, 222
Socrate 8, 9, 14, 16, 17, 18, 130, 152
Spinoza, Baruch 97

T
Tamino 87
Tisseron, Serge 64

U
Ulysse 33, 34, 86, 87

V
Villani, Cédric 190, 217
Vygotski, Lev 157

W
White, Michael 156
Winnicott, Donald 114, 148

Y
Yalom, Irvin 152, 222

www.ingramcontent.com/pod-product-compliance
Lightning Source LLC
Chambersburg PA
CBHW070312230426
43663CB00011B/2100